Elisabeth Lukas

Heilungsgeschichten

HERDER / SPEKTRUM
Band 4656

Das Buch

Viktor Emil Frankl ist tot. Im Sommer letzten Jahres ist der Gründer der Logotherapie gestorben. Aber die Logotherapie, die sinn- und verantwortungsorientierte Alternative zur Freudianischen Trieb-Psychotherapie, lebt und gewinnt Jahr um Jahr mehr an Bedeutung, Ausbreitung und Anhänger. Das vorliegende Buch ist ganz auf die Vermittlung der praktischen Wirkweise der Logotherapie ausgerichtet. Jeder einzelne Fall dieses Buches weist nach und macht deutlich, wie in jeder Lebenssituation, scheint sie noch so ausweglos zu sein, der Wille zum Sinn tragfähigen Boden unter den Füßen schafft, Halt vermittelt und Glück und Lebensfreude zurückbringt. Bei jedem Fallbeispiel werden die logotherapeutischen Prinzipien ausführlich erläutert, so daß der Leser schrittweise sein eigenes Leben in einem neuen Licht, einem Sinnzusammenhang zu sehen lernt. Die Beispiele zeigen, wie es in dem Orientierungsrahmen zwischen Freiheit und Verantwortung jedem Menschen möglich ist, in jeder Situation den Sinn zu ergreifen und die ihm zugedachte Verantwortung wahrzunehmen.

Die Autorin

Dr. Elisabeth Lukas, klinische Psychologin, Psychotherapeutin, ist Schülerin Viktor E. Frankls und fachliche Leiterin des *„Süddeutschen Instituts für Logotherapie GmbH“* in Fürstenfeldbruck. Bei HERDER/SPEKTRUM: Psychologische Seelsorge (4258); Auch dein Leiden hat Sinn (4283); Rat in ratloser Zeit (4353); Lebensbesinnung (4391), Urvertrauen gewinnen (4568).

Elisabeth Lukas

Heilungsgeschichten

Wie Logotherapie Menschen hilft

Herder
Freiburg · Basel · Wien

Gedruckt auf umweltfreundlichem,
chlorfrei gebleichtem Papier

Satz: Fotosetzerei G. Scheydecker, Freiburg im Breisgau
Herstellung: Freiburger Graphische Betriebe 1998
Umschlaggestaltung: Joseph Pölzelbauer
Umschlagmotiv: Ferdinand Hodler, Blühender Kirschbaum, um 1905
ISBN 3-451-04656-3

Dieses Buch
ist meinem
„Geistigen Vater"

Viktor E. Frankl

gewidmet

Inhalt

Die Logotherapie – Viktor E. Frankls Erbe

(Ein einführender Überblick)

Am 2. September 1997 starb der österreichische Psychiater und Neurologe Viktor E. Frankl in Wien im Alter von 92 Jahren. Sein Tod löste international ein starkes Echo in der Fachwelt aus. War er doch einer der letzten großen Gründerväter psychotherapeutischer Denkrichtungen, nämlich der Logotherapie und Existenzanalyse, und eine weltweit berühmte Persönlichkeit: Überlebender von vier Konzentrationslagern, Würdenträger hoher medizinischer Ehrungen, darunter von 29 Ehrendoktoraten. Mit ihm ging eine Ära zu Ende, die, was die Disziplinen der Psychotherapie und Psychiatrie betrifft, mit Genialität, Menschenkenntnis, Intuition und Weisheit zu tun hatte und weniger mit Verfahrenstechnik, künstlichem Setting und statistischer Effizienzkontrolle. So hat zum Beispiel Frankls Buch „Man's Search for Meaning", das in den USA in Millionenauflage erschienen ist, mehr Menschen in seelischen Nöten geholfen, als er während seiner 25 Dienstjahre als Chef der Neurologischen Abteilung der Poliklinik in Wien in seinen Sprechstunden behandeln konnte. Gemäß einer Umfrage der „New York Times" vom November 1991 über „The book that made the most difference in people's lives", an der Tausende Leser teilgenommen hatten, wurde Frankls Buch unter den ersten zehn der hilfreichsten und einflußreichsten Bücher genannt, und zwar an neunter Stelle. (An erster Stelle stand die Bibel.)

Will man die Essenz des logotherapeutischen Gedankengutes kurz darstellen, muß man eine Auswahl treffen, denn es hat viele Facetten. Eine „Ursprungsfacette" ist sicherlich der *Widerspruch* zu reduzierenden und einengenden Interpretationen des Menschseins. Frankl ist schon als junger Arzt gegen die Thesen seines frühen Mentors Sigmund Freud aufgestanden, wonach traumatisch durchlebte Kindheiten oder unterdrückte Triebimpulse den Menschen ein Leben lang steuern würden. Ebenso meldete er Bedenken gegen die Thesen Alfred Adlers an, wonach der stärkste Motor menschlichen Handelns im Bemühen um die Kompensation tiefsitzender Minderwertigkeitsgefühle zu sehen wäre. Nach der Trennung von Adler entwickelte Frankl seine eigene *Anthropologie*, deren Kernaussage lautet: Dem Menschen eignet eine existentielle (= spezifisch humane) Dimension, die ihn von den anderen Lebewesen unterscheidet, und in die die Befunde aus dem biopsychischen Raum nicht übertragbar sind. Frankl nannte sie die geistige oder „noetische" Dimension (vom griechischen Wort Nous = Geist). Fortan konzentrierten sich seine Forschungen auf die Fruchtbarmachung dieser geistigen Dimension des Menschen zur Linderung und Überwindung seelischer Störungen.

Bald zeigte sich, daß allein das Herantragen seiner anthropologischen Konzepte an die Patienten bereits heilsam wirkt. Wir Menschen leben in Bildern, die wir uns von uns selbst, von unseren Mitmenschen, von der Welt und ggf. von Gott konstruieren. (Was allerdings nicht bedeutet, daß es hinter unseren Konstrukten keine wahren Sachverhalte gäbe.) Sind unsere Bilder mit negativen Erwartungen, Entwertungen und Verzerrungen besetzt, geht es uns nicht gut. Wir mögen uns und andere nicht, wir fürchten „Gott und die Welt", und wir empfinden das Leben als kontinuierliche Last. Sind die Bilder im Gegensatz dazu optimistisch und daseinsbejahend, freuen wir uns öfter und es fällt uns leichter, über manch alltäglichen Kummer hinwegzukommen.

Frankl entwarf in seinen Vorträgen und Schriften das Bild des freien Menschen, der sich zu allen Umständen und Gegebenheiten noch innerlich einstellen oder verhalten kann auf eine von ihm gewählte Weise – selbst zu seinen genetischen Veranlagungen und zu seinen milieubedingten Prägungen. Der, ausgestattet mit einer „Trotzmacht des Geistes", seinen Triebimpulsen, Minderwertigkeitsgefühlen, Frustrationen etc. nicht unterliegen muß, weil er sich geistig darüber zu stellen vermag.

„Es gibt Determinismus innerhalb der psychologischen Dimension, und es gibt Freiheit innerhalb der noetischen Dimension, die als die Dimension der spezifisch menschlichen Phänomene zu definieren wäre … So ist denn Freiheit eines der menschlichen Phänomene. Sie ist aber auch ein allzu menschliches Phänomen. Menschliche Freiheit ist endliche Freiheit. Der Mensch ist nicht frei von Bedingungen, sondern nur frei, zu ihnen Stellung zu nehmen. Aber sie bestimmen ihn nicht eindeutig. Denn letzten Endes liegt es an ihm, zu bestimmen, ob er den Bedingungen unterliegt, ob er sich ihnen unterwirft. Es gibt nämlich einen Spielraum, innerhalb dessen er sich über sie hinaus erheben kann, womit er ja in die menschliche Dimension überhaupt erst sich aufschwingt."[1]

---

[1] Viktor E. Frankl, „Der Wille zum Sinn. Ausgewählte Vorträge über Logotherapie", Piper, München, 3. Auflage 1996, Seite 156.

Den Aspekt der menschlichen Freiheit verband Frankl mit der Kehrseite desselben Aspekts, nämlich mit der menschlichen Verantwortlichkeit. Verantwortung wofür? Nun, für die jeweils sinnvollste Wahl unter den gegebenen Umständen, für den personalen Beitrag zum „Gelingen des Ganzen".

Hier wird die Anthropologie Frankls mit *psychologischen Gesichtspunkten* angereichert. Ihnen zufolge ist der Mensch ein sinnorientiertes Wesen, dem ein unauslöschlicher „Wille zum Sinn" innewohnt. Dieser Wille bricht in der Pubertät – mit dem vollen Erwachen der menschlichen Geisteskraft – als vehemente Sinn- und Identitätssuche durch und begleitet den erwachsenen Menschen als primäre Handlungsmotivation auf all seinen Wegen. Er veranlaßt ihn, sich mit Engagement und notfalls Opferbereitschaft wichtigen Aufgaben zu widmen, geliebten Mitmenschen zu dienen, Werke seiner Zuneigung zu schaffen und sich auf Gebieten seines Interesses zu betätigen. Der im Innersten des Menschen verankerte „Wille zum Sinn" verblaßt auch nicht im Alter, sondern stimuliert bis zuletzt zur Ausschau nach zwar schrumpfenden, doch immer noch verbleibenden Restmöglichkeiten, Schönes zu erleben, Gutes zu tun und Nützliches einzubringen. Soweit die Skizze der gesunden und mündigen Persönlichkeit. Sie erntet als (unbeabsichtigten) Nebeneffekt mit hoher Wahrscheinlichkeit glückliche Stunden, vorzeigbaren Erfolg, ein stabiles Selbstbewußtsein und insgesamt die Zufriedenheit mit einem erfüllten Leben.

Dazu konträr wird in der Logotherapie der „Modus der neurotischen Existenz" definiert, womit wir zur Facette der *Krankheitsätiologie in der Seelenheilkunde* überwechseln. Der psychisch – nicht psychotisch! – Kranke verfehlt seine Sinnorientierung. Entweder strebt er direkt und krampfhaft nach Lust, Macht, Anerkennung, Zuwendung und sonstigen Eigenvorteilen, was ihn alsbald scheitern läßt, oder er flüchtet panikartig vor Unlust, Versagen, Beschämung und anderen drohenden Unannehmlichkeiten, was ihn isoliert und schwächt. Der neurotisch verfangene, ängstliche Patient kreist mit seinen Gedanken und Gefühlen um sich selbst und seine Befindlichkeit, statt sich mutig und selbstvergessen zur Welt zu öffnen und sein Bestes in sie hineinzuverströmen. Er will sich schützen, statt Werte aufzubauen, er zittert ums Geliebtwerden, statt sich liebend zu verschenken. Seine Egozentrik ist die Falle, in die er hineintappt. Und sein verlorenes Urvertrauen, auf Grund dessen er ständig um sich selbst besorgt ist, läßt sie endgültig zuschnappen.

Frankl hat sich nicht mit Spekulationen aufgehalten, was solch seelisch Kranken das Urvertrauen geraubt haben mag. Er war sich bewußt, wie eng die konstitutionell-endogenen Faktoren mit den sozial-exogenen Faktoren beim Werdegang eines Menschen vernetzt sind, und betonte immer wieder, daß noch ein dritter Faktor mitspielt: die Selbstgestaltungskraft des Menschen. Keiner wird nur „gemacht", jeder macht auch etwas aus sich. Von vorrangiger Bedeutung für ihn waren vielmehr die Methoden zur Rückgewinnung des Urvertrauens und das therapeutische Geleit zu einem sinnorientierten Lebensstil.

Mit dem Thema „Methoden" gelangen wir ins eigentliche *psychotherapeutische Einsatzgebiet* der Logotherapie. Da gibt es den genialen Methodenkomplex der „Paradoxen Intention", der leider häufig mit den ein Vierteljahrhundert später populär gewordenen paradoxen Interventionen aus der Verhaltenstherapie verwechselt wird, z.B. mit der

„Symptomverschreibung". Die Methode der „Paradoxen Intention" hat aber ein besonderes Charakteristikum: Sie mobilisiert Selbstdistanzierungskräfte im Menschen wie Humor, Mut, Phantasie und spielerische Einwilligung in die gewaltigste „Trumpfkarte der Angst", indem der Patient angeleitet wird, sich auf übertriebene Weise just dasjenige innigst zu wünschen, was er am meisten fürchtet. Der „lächerliche" Wunsch, z.B. von den Kollegen derart schallend ausgelacht zu werden, daß die Wände des Büros vor lauter Schallwellen wackeln, hebt die „lächerliche" Angst vor einer Blamage aus ihren Angeln. Die Methode ist vielfach variabel und hochgradig erfolgreich, insbesondere bei Angst- und Zwangssyndromen. Letztere, die bekanntlich äußerst schwierig zu heilen sind, weil sie auf einem grundsätzlich perfektionistischen Streben aufruhen, das verbissen verteidigt wird, sind fast nur über die Einübung von extrem gegenläufigen – eben paradoxen – Intentionen zu sprengen. Der Ordnungsfanatiker etwa, der es wagt, spaßeshalber mit dem absoluten Chaos Freundschaft zu schließen und demgemäß zum Beweis seiner Freundschaft die Utensilien auf seinem Schreibtisch wild durcheinanderrührt, hat seine Krankheit schon fast besiegt.

Ferner gibt es den Methodenkomplex der „Dereflexion", der auf den ersten Blick in seiner Bedeutung leicht unterschätzt wird. Da jedoch zahlreiche moderne seelische Störungsformen mit starken Hyperreflexionen (Frankl), also mit einem permanenten gedanklichen Kreisen um das eigene Wohlbefinden, einhergehen, wenn nicht gar auf sie zurückgehen, ist die „Dereflexion" ihr angemessenes Gegengewicht schlechthin. Sie intensiviert die Fähigkeit des Patienten zur Selbsttranszendenz, das heißt, in einer interessiert-liebenden Zuwendung zu Wertobjekten/subjekten seiner Umwelt über sich selbst hinauszufühlen und hinauszudenken, und zieht dadurch seine krankmachende Aufmerksamkeit von der eigenen Befindlichkeit ab, die sich - unbeachtet - erholt. Die Problemgruppen blockierter oder pervertierter Sexualität, gestörter autonomer Bewegungsabläufe, gestörter Schlafrhythmen und allgemein psychogener und psychosomatischer Erkrankungen bis hin zum gestörten Selbstwertgefühl bedürfen dringend solch dereflektorischer Aufmerksamkeitskorrekturen, da sie geradezu aufblühen, solange sie im Brennpunkt der Konzentration eines Patienten festgehalten werden. Er strampelt dann wie der Tausendfüßler in der Fabel, der sich aussichtslos verheddert, solange er den Gehvorgang seiner vielen Beinchen rational überwachen will. Ebenso sind seelisches Wohlbefinden und biologische Rhythmen vorrangig Beiprodukte sinnvoller Lebensführung und nicht per se willentlich erzielbar.

„Es ist wohl verständlich, daß so etwas wie Lebenssinn nicht ärztlich verordnet werden kann. Es gehört nicht zu den Aufgaben des Arztes, dem Leben des Patienten Sinn zu geben; aber es mag sehr wohl eine Aufgabe des Arztes sein, im Wege einer Existenzanalyse den Patienten instand zu setzen, im Leben einen Sinn zu finden, und ich halte eben dafür, daß der Sinn jeweils zu finden ist, also nicht mehr oder weniger willkürlich in etwas hineingelegt werden kann ... Niemand Geringerer als Wertheimer schlägt in dieselbe Kerbe, wenn er von einem der jeweiligen Situation innewohnenden Forderungscharakter, ja von dem objektiven Charakter dieser Forderung spricht.“[2]

[2] Viktor E. Frankl, „Ärztliche Seelsorge. Grundlagen der Logotherapie und Existenzanalyse“, Deuticke, Wien, 10. Auflage 1982, Seite 236.

Der umfassendste Methodenkomplex der Logotherapie besteht in einer Palette von größtenteils philosophischen Hilfen zur „Einstellungsmodulation". Logotherapie ist ein zutiefst *philosophisches Gedankengut*. Bei der „Einstellungsmodulation" wird nun von der alten Weisheit profitiert, daß weniger unsere Bedingungen über die Qualität unseres Lebens entscheiden als vielmehr unsere Einstellungen zu diesen Bedingungen. Wer sagt: „Der Autounfall hat mein Leben ruiniert, weil ich meinen rechten Arm verloren habe und nie mehr so schön werde zeichnen und malen können wie früher", dessen Lebensfreude und Leidbewältigung ist erheblich geringer als die eines anderen, der sagt: „Bei meinem Autounfall habe ich enormes Glück gehabt, denn ich hätte sterben können. Ich habe zwar meinen rechten Arm eingebüßt, aber inzwischen kann ich mit der Prothese schon wieder erstaunlich gut schreiben."

Die diversen einstellungsmodulierenden Argumentationsweisen der Logotherapie, allen voran der von Frankl favorisierte „Sokratische Dialog", helfen Patienten, die Perspektiven zu wechseln, aus denen heraus sie Ereignisse oder Sachverhalte interpretieren. Helfen, sie so zu wechseln, daß die betrachteten Inhalte in sinnvolleres und zustimmungswürdigeres Licht getaucht sind. Dabei bleibt die Affinität von Sinn und Wahrheit streng gewahrt. Es geht nicht um beschönigende Sinndeutungen oder gar Sinnsurrogate, sondern um echte Sinnfindung in der jeweiligen Situation. Wie aber gelingt Sinnfindung? Überlegen wir, wie „Findung" überhaupt gelingt. Wie findet jemand eine Stecknadel auf dem Teppichboden seines Wohnzimmers? Die Antwort ist einfach:

1. *Indem er sucht.* Ohne Suche kommt es kaum zu einer „Findung". (Seelisch kranke Menschen haben oft die

Suche aufgegeben oder suchen das Falsche, z.B. Betäubung im Alkohol statt sinnvolle Lösungen ihrer Probleme, weshalb die Sinnsuche bei ihnen neu entfacht werden muß.)

2. *Indem er, wenn nötig, die Suchlandschaft erweitert.* Im Gleichnis gesprochen, die Stecknadel nicht bloß unter dem Tisch, sondern auch unter den Sesseln sucht. (Seelisch kranke Menschen suchen oft bloß im Alteingeschliffenen und Ausgeschöpften, statt ihren Aktionsradius auszudehnen, weshalb sie inspiriert werden müssen, die Sinnsuche mit dem Wagnis des Unbekannten zu paaren.)

3. *Indem die Stecknadel tatsächlich im Wohnzimmer vorhanden ist.* Ohne ihr „Dasein" würde ja die emsigste Suche nichts nützen. (Seelisch kranke Menschen zweifeln oft am Sinn einer Suche nach Sinn und suchen folglich „auf Sparflamme", ohne Einsatz ihrer gesamten Potentiale. Ihnen muß glaubhaft verdeutlicht werden, daß es keine noch so düster erscheinende Lebenssituation gibt, die nicht doch eine Sinnmöglichkeit böte.)

Zum dritten und in der Vermittlung kompliziertesten Punkt hat Frankl ein *weltanschauliches Gebäude* entworfen, das in seiner brillanten „Metaklinischen Pathodizee" (= Abhandlung der Frage nach dem Sinn des Leidens) gipfelt. Ein paar erläuternde Worte dazu:

Sinn spiegelt sich im evidenten, unhinterfragten Empfinden von uns Menschen als Affirmation von Sein (Frankl: als „Schrittmacher von Sein") wider. Wenn etwas unserer Beurteilung nach Sinn hat, dann ist es gut, schön, prima ..., daß es da ist. Wenn etwas unserer Meinung nach Sinn hätte, dann sollte es geschehen; dann wäre es wert, verwirklicht zu werden. Die Kennzeichnung „sinnvoll" besagt, daß es nicht gleichgültig ist, ob das damit Gekennzeichnete besteht oder nicht, sondern daß sein Bestehen seiner Verwerfung ausdrücklich vorzuziehen ist.

Nun enthält die Schöpfung aber eine unbestreitbar tragische Komponente, wie sie in den alten Mythen als „Abfall der Engel", „Vertreibung aus dem Paradies", „Zerbrechen der Ureins" etc. symbolisiert worden ist. Sie zeigt sich im aggressiven Naturprinzip des Fressens und Gefressenwerdens, im „Schatten" des Menschen (C. G. Jung), in der Sterblichkeit.

„Das Leiden hat nicht nur ethische Dignität – es hat auch metaphysische Relevanz. Das Leiden macht den Menschen hellsichtig und die Welt durchsichtig. Das Sein wird transparent hinein in eine metaphysische Dimensionalität. Das Sein wird durchsichtig: der Mensch durchschaut es, es eröffnen sich ihm, dem Leidenden, Durchblicke auf den Grund. Vor den Abgrund gestellt, sieht der Mensch in die Tiefe, und wessen er auf dem Grunde des Abgrunds gewahr wird, das ist die tragische Struktur des Daseins. Was sich ihm erschließt, das ist: daß menschliches Sein zutiefst und zuletzt Passion ist – daß es das Wesen des Menschen ist, ein leidender zu sein: Homo patiens."[3]

Eine Affirmation dieser tragischen Komponente ist für uns schlichtweg undenkbar. Das bedeutet, daß sich ein möglicher Sinn jener tragischen Komponente menschlichem Begreifen entzieht.

---

[3] Viktor E. Frankl, „Logotherapie und Existenzanalyse. Texte aus sechs Jahrzehnten", Quintessenz, München (übernommen von der PVU, Weinheim/Bergstr.), 1995, Seite 136/137.

Hier hakt Frankl ein, indem er die Sinnsuche angesichts der „tragischen Trias von Leid, Schuld und Tod" umdirigiert – die Stecknadel befindet sich gleichsam in einer Sondernische des Wohnzimmers, nämlich im Raum unserer eigenen Antworten auf die uns widerfahrenden Tragödien. Wohl gibt es keine (willkürliche) Sinn-Gebung, aber es gibt eine Sinnvolle-Antwort-Gebung durch den Betroffenen selbst. Auch und gerade auf das Sinnwidrige und scheinbar Sinnlose in unserer Welt können und sollen wir uns die sinnvollsten Antworten abringen, deren wir fähig sind, damit die Tragik wenigstens zum Anlaß für Positives, Hoffnungsvolles und Heilendes wird, was sie rückwirkend mit Sinn durchflutet.

Ein grandioses Beispiel dafür ist der in den Selbsthilfegruppen verwaister Eltern diskutierte und stets einleuchtende Gedanke, daß die toten Kinder nicht zum Anlaß elterlicher Katastrophen degradiert werden dürfen, sondern Quellen elterlicher Freude bleiben mögen, und daß die verwaisten Eltern daher die Aufgabe haben, ihre verlorenen Kinder in lieber Erinnerung zu behalten, aber dennoch ihr eigenes Leben aufrecht und engagiert weiterzuführen. Analog kann begangene Schuld sinnvollerweise zum Anlaß für innere Wandlung werden oder schwere Krankheit zum Impuls, Wesentliches von Unwesentlichem zu unterscheiden bzw. sich dem Wesentlichen zu widmen usw. Auf die desperateste Situation ist noch eine heroische Reaktion möglich, wie Frankl in seiner „Rolle" als ehemaliger KZ-Häftling bezeugt hat.

Weil nun eine tragische Komponente die Schöpfung durchweht, sind sämtliche sinnvolle Antworten darauf, die kranken und seelisch notleidenden Menschen nahegelegt werden können, auf Überwindung durch Befriedung ausgerichtet. In der Logotherapie geht es nicht um die Befriedigung von Bedürfnissen, sondern um diesen Frieden mit sich, mit der Vergangenheit, mit den Mitmenschen, ggf. mit Gott. Das Finden der Stecknadel in der Metapher ist sozusagen immer ein Stück Entschärfung ihrer Spitze: Die Liebe hebt sie vom Boden auf, um potentiell Schmerzen in der Welt zu reduzieren. Jeder Sinn, der erfüllt wird, macht unsere Welt menschenwürdiger und lebbarer für alle. Um beim Beispiel der verwaisten Eltern zu bleiben: Jener Ingenieur, der einst begonnen hat, das Notrufsäulennetz an deutschen Autobahnen zu entwerfen, war ein trauernder Vater. Sein Sohn war bei einem Verkehrsunfall verblutet, weil nicht rasch genug ärztliche Hilfe zur Stelle gewesen war. Der Vater holte aus seiner Trauer die Kraft und Initiative heraus, sein technisches Wissen zur Verhütung ähnlicher Schicksalsschläge einzusetzen. Dadurch hat er nicht nur zahllose ihm unbekannte Menschenleben gerettet, er hat auch sich selbst vor einem Erstarren im Trauma gerettet.

Friede ist nur zu haben über eine „Transformation des Leides in eine menschliche Leistung" (Frankl), nie aber über ein bloßes Ausagieren des Schmerzes oder gar über einen (auto-)aggressiven Rundumschlag, der die Sinnwidrigkeit des ganzen Geschehens noch vergrößert. Zu dieser Thematik enthält die Logotherapie eine Reihe von konstruktiven Frustrationsbewältigungseinsichten, die sich genausogut zu *krisenpräventiven Zwecken* anwenden lassen. Eine Fallgeschichte möge das Gesagte verdeutlichen.

Eine 39jährige Patientin suchte logotherapeutische Hilfe wegen ihrer Angst vor Ohnmachtsanfällen unter Streß. Sie wurde zwar selten ohnmächtig, kaum einmal im Jahr, aber die Angst davor überfiel sie häufig, vor allem im Geschäft, wo sie als leitende Verkäuferin tätig war, und drückte ihr die Brust ab. Medizinisch war nie eine Ursache ihrer Ohnmachtsanfälle entdeckt worden. Es hatte jedoch ein schwerwiegendes Auslöseereignis in ihrer Kindheit gegeben. Sie hatte einen Lieblingsonkel gehabt, in dessen Sommerhaus sie ihre Ferienzeiten hatte verbringen dürfen, was sie mit äußerst glücklichen Erinnerungen verband. Als sie zehn Jahre alt war, teilte man ihr schonend mit, daß der Onkel gestorben war, ohne daß man ihr sagte, *wie* er gestorben war. Als sie in den Ferien darauf wieder mit den Kindern aus dem Dorf ihres Onkels spielte, wiesen diese – ahnungslos ihrer Unaufgeklärtheit – auf den Ast eines hohen Baumes vor dem Sommerhaus und erklärten ihr, daran habe der Onkel gehangen. Sie fiel in Ohnmacht. Seither bestand die belastende Verknüpfung von Streßfaktoren und labilem Vegetativum bei der Patientin und jagte ihre Erwartungsängste in die Höhe.

Logotherapeutisch wurde die Patientin zunächst mit mehreren Einstellungsmodulationen gestützt. Sie gewann folgende „tragbare", weil sinnvolle Einstellung

a) zum Lieblingsonkel: „Er war gut zu mir, und ich verdanke ihm wunderbare Zeiten. Der Arme muß am Ende seines Lebens sehr verzweifelt oder depressiv gewesen sein, aber das löscht keine von unseren herrlichen gemeinsamen Stunden aus. Im Gegenteil, seine liebevolle Beschäftigung mit mir, seiner kleinen Nichte, ist unter diesen Umständen besonders hoch einzuschätzen. Was er mir geschenkt hat, bleibt in der Schatztruhe meines Lebens für immer geborgen; es möge bei weitem überwiegen, was vielleicht an seinen Vorhaben mißlungen ist ..."

b) zu den Dorfkindern: „Sie waren Kinder und wußten nicht, welchen Schock sie mir bereiteten. Sie wollten mir nichts Böses antun, sondern waren wahrscheinlich selber von der Tragödie bewegt, weshalb es sie drängte, darüber zu sprechen. Ich kann daraus etwas Wichtiges für meinen Beruf entnehmen. Wie schnell ist unwillentlich und unwissentlich falsch gehandelt! Es braucht Behutsamkeit im Kontakt mit Menschen und Einfühlungsvermögen. Ich werde dies für mich persönlich beherzigen und künftig noch sorgfältiger als bisher darauf achten, wie ich mit meinen Mitmenschen kommuniziere."

Nach diesem inneren Akt des „Friedensschlusses" wurde die Patientin instruiert, ihre Ohnmachtsanfälle paradox zu intendieren, indem sie sich täglich augenzwinkernd ein „ausgedehntes, kleines Ohnmachtsschläfchen am Arbeitsplatz" wünschte, um sich „mitten im Verkaufsstreß elegant aus der Affäre zu ziehen". Das heißt, sie lernte, ihren Ängsten mit Bravour „ins Gesicht zu lachen", anstatt sich ihnen zitternd und bangend auszuliefern. Es trat keine Ohnmacht mehr auf, und ihre Lebensangst verwandelte sich alsbald in gelassene, ruhige Lebenszufriedenheit.

Die Logotherapie Viktor E. Frankls kann relativ kurzfristig und dennoch langanhaltend helfen, was sie für die Nöte der kommenden Generationen, die mit knapper werdenden Ressourcen und blasser werdenden Orientierungsmaßstäben werden rechnen müssen, außerordentlich interessant macht. Die in diesem Buch gesammelten Praxiserfahrungen und „Heilungsgeschichten" mögen dies belegen.

Heute ist der erste Tag vom Rest Ihres Lebens

Das Telefon klingelte, eine Frau aus Berlin wollte mich sprechen. „Frau Doktor", sagte sie zu mir, „ich leide so sehr unter meiner *Substanzlosigkeit*, alles Schöne in meinem Leben *verdränge* ich, und beim Umgang mit anderen Menschen *regrediere* ich ..., was soll ich dagegen tun?" Ich wußte nichts über diese Frau, doch ein bestimmter Verdacht stieg in mir auf. „Haben Sie vielleicht ein psychologisches Fachbuch gelesen?" Prompt bestätigte sie meine Annahme. Die Frau war 50 Jahre alt, eine ehemalige Lehrerin, verheiratet, hatte einen Sohn großgezogen und „hing jetzt ein bißchen in der Luft". In den vor Jahren aufgegebenen Beruf kam sie nicht mehr hinein, der Sohn war ihrem erzieherischen Aufgabenbereich entwachsen, und die Ehe hatte inzwischen an Attraktivität eingebüßt. Es war eine ganz normale Lebenskrise, wie sie auftreten kann und gemeistert werden muß, indem man sich neue Lebensinhalte sucht und adäquate persönliche Ziele steckt.

Aber die Frau hatte Hilfe bei psychologischer Lektüre gesucht und dabei Beschreibungen von abwegigen Veranlagungen und Infantilismen gefunden, die sie in Angst und Schrecken versetzt hatten. Je mehr sie sich daraufhin selbst zu beobachten begonnen hatte, desto besser hatte alles scheinbar auf ihre eigene Situation gepaßt. Sie hatte sich noch mehr Bücher beschafft und hatte immer weitere Abnormitäten bei sich selber festgestellt, bis sie völlig verunsichert war und nicht mehr aus noch ein wußte; deshalb ihr Hilferuf an mich: „Was soll ich tun?"

Mein Rat konnte nur lauten: „Stellen Sie Ihre psychologischen Bücher vorläufig in den hintersten Winkel Ihrer

Wohnung, und vergessen Sie, was Sie gelesen haben! Kümmern Sie sich nicht um Substanzlosigkeit, Regression und sonstige Schreckensworte, und hören Sie auf, sich selbst zu beobachten! Viel gescheiter ist es, daß Sie darangehen, Ihr Leben konstruktiv zu gestalten, denn bedenken Sie: *Heute ist der erste Tag vom Rest Ihres Lebens.* Es steht allein in Ihrem Ermessen, was Sie aus diesem „Rest" machen; ja, ob sie ihn mit sinnvollen Aufgaben füllen und vielleicht sogar zum schönsten und reifsten Abschnitt Ihres Lebens werden lassen. Sehen Sie sich ein wenig um in der Außenwelt, im Bekanntenkreis, überall werden Sie gebraucht, wenn Sie nur bereit sind, sich in einem Akt der Nächstenliebe zu öffnen. Im schulischen Bereich, im musischen Bereich, überall gibt es Einsatzmöglichkeiten, die Sie beglücken würden, wenn Sie nur *hinsehen* und den Blick vom zerstörerischen Wühlen im eigenen Ich lösen!"

Der Frau gelang es offenbar, meinen Rat zu befolgen, denn sie rief noch ein zweites Mal an – zu keinem anderen Zweck, als um sich zu bedanken.

Die Macht suggestiver Einflüsse

Von einer bestimmten Art psychologischer Literatur geht eine kräftige Suggestionswirkung aus, weil sie über Phänomene berichtet, die jeder allzugut aus eigener Erfahrung kennt: über die heimlichen Wünsche und Sehnsüchte, über die Träume und Illusionen, über die seelischen Schwächen und Nöte, über Enttäuschung, Haß, Wut und Angst. Noch um ein Vielfaches stärker aber sind die suggestiven Einflüsse von Mensch zu Mensch bzw. von Therapeut zu Patient. Eine Mutter erzählte mir folgende recht anschauliche Episode:

Als ihr Sohn noch klein war, mußte sie einmal zum Arzt gehen und nahm den Jungen mit, da sie ihn nicht allein zu Hause lassen konnte. Nachdem der Arzt die Mutter versorgt hatte, erlaubte er sich mit dem Jungen einen Scherz, indem er ihm einen Finger verband und mit ernster Miene erklärte, der Kleine sei jetzt auch krank wie seine Mutter und müsse deshalb ebenso ärztlich behandelt werden. Als die Mutter mit ihrem Sohn nach Hause kam, wollte sie ihm den Verband vom Finger abnehmen, aber der kleine Kerl weigerte sich, behauptete steif und fest, er sei wirklich krank, und verlangte, zu Bett gebracht zu werden. Unschlüssig, was sie tun solle, legte ihn die Mutter nieder und nahm an, es werde ihm sowieso bald langweilig werden. Doch als sie ein wenig später nachsehen kam, hatte der Junge über 38° Fieber, und sie mußte tatsächlich den Kinderarzt holen, der, ohne eine spezielle Diagnose erstellen zu können, fiebersenkende Zäpfchen verschrieb. Am nächsten Tag war wieder alles in Ordnung.

Das Beispiel macht die Kraft der Suggestion deutlich, die nicht nur auf Kinder wirkt. Ich habe zahlreiche Erwachsene erlebt, die ähnlich wie dieser Junge auf einen Krankheitskurs festgelegt waren und alsbald in eine echte Krankheit hineingeschlittert sind. Derjenige, der ihnen als Auslöser sozusagen den Pseudoverband um den Finger gewickelt hat, ist leider nicht selten ein Psychologe oder Psychotherapeut gewesen. Viktor E. Frankl hat in diesem Zusammenhang den Begriff der „iatrogenen Neurosen" geprägt, mit denen seelische Störungen gemeint sind, die einzig dadurch hervorgerufen werden, daß jemand von einem Fachmann bzw. einer Fachfrau als „auffällig" etikettiert worden ist.

Das Sprichwort: „Wo viel Licht ist, ist viel Schatten" besagt allerdings, daß dort, wo viel Schatten ist, auch ein starkes Licht sein muß. Die Suggestion ist, in den richtigen Händen und im richtigen Augenblick eingesetzt, ein Heilmittel und kann sehr fruchtbar ins therapeutische Geschehen eingebaut werden. Analog hat die psychologische Fachliteratur die immense bibliotherapeutische Chance, ihre Leser im Positiven gegen nihilistische und resignative Strömungen der Zeit zu impfen.

Die Wissenschaften der Psychologie und Psychotherapie dokumentieren Charakteristika unserer Gesellschaft, aber auch deren *Leitbilder*. Deshalb sind sie nicht ausschließlich dazu da, um Symptome aufzuzeigen, sondern darüber hinaus aufgerufen, *Therapie* zu leisten. Dies kann nicht durch eine ständige Bespiegelung der gegenwärtigen Massenfrustrationen und Krisenfelder geschehen, sondern muß durch die Darstellung von Problemlösungen und gangbaren Auswegen erfolgen. Unter den Botschaften einer verantwortungsbewußten Psychologie jedenfalls überwiegen die sinnvollen Möglichkeiten des Menschenlebens vor seinen emotionalen Entgleisungen.

Skepsis gegenüber Traumdeuterei

Normalerweise vergißt der Mensch morgens beim Aufstehen die Träume aus der vergangenen Nacht.

Träume haben eine biologisch wichtige Entlastungsfunktion. Es gibt Experimente, bei denen das Träumen künstlich unterbunden worden ist, was den Versuchspersonen eher geschadet hat. Sie fühlten sich tags darauf wie „gerädert". Ein ähnliches „Traumdefizit" wird durch Schlafmittel hervorgerufen, was ein zusätzliches Argument gegen sie ist. Träumen ist also wichtig und gesund – und das Vergessen der Träume ist ebenso wichtig und gesund, sonst hätte es die Natur anders eingerichtet.

In der Psychotherapie werden Patienten häufig angeregt, ihre Träume zu registrieren und gemeinsam mit dem Therapeuten auf „Deutungsgehalte" hin zu erforschen. Dies erzeugt nachweislich nicht nur Schlafstörungen, sondern auch vermehrte und ängstlichere Träume. Manche psychologische Richtung fördert zu diagnostischen Zwecken ein richtiggehendes Traumtraining und holt dabei die tollsten und wildesten Träume aus den Patienten heraus.

Mir wurde zum Beispiel berichtet, daß ein junger Mann nach einer Serie von tiefenpsychologischen Sitzungen von ein paar Rasierklingen geträumt habe, die neben einem Tabaksbeutel lagen. Daraufhin sei sein Therapeut in Jubelrufe ausgebrochen, weil sich – wie er erklärte – der von ihm längst vermutete Kastrationskomplex des jungen Mannes endlich deutlich gezeigt habe. Der Tabaksbeutel sei natürlich das Symbol der Männlichkeit, und die Rasierklingen seien Ausdruck der unterdrückten Angst vor masochistischer Selbstverstümmelung. Alle Beteuerungen des jungen Mannes, er habe nie im Leben an dergleichen gedacht, halfen nichts, sein Kastrationskomplex wurde beharrlich festgeschrieben. Dadurch irritiert, bekam der junge Mann plötzlich ernste Schwierigkeiten im Liebesleben, die er nie zuvor gekannt hatte.

Bei solchen psychologischen Deutungen stellt sich grundsätzlich die Frage, ob sie wirklich ins Schwarze treffen. Schließlich sind Rasierklingen und Tabakutensilien simple häusliche Gebrauchsgegenstände, von denen man per Zufall träumen kann wie von sonstigen Dingen des täglichen Einerleis auch. Vor allem aber fragt sich etwas ganz anderes, nämlich welchen Gewinn sie erbringen? Was hatte der junge Mann von seinem „Wissen" um seinen Kastrationskomplex? Ich habe bei seiner Erzählung keinen Vorteil oder darauf zurückzuführenden Fortschritt bei ihm heraushören können.

Die fragwürdigen Entlarvungstendenzen sind in der Psychologie noch lange nicht überwunden. Mir hat sich einst ein Kollege vorgestellt, der sich um einen Mitarbeiterplatz bewarb. Ich bat ihn, mir ein Ereignis aus seiner bisherigen Tätigkeit zu schildern. Er antwortete, daß er beim sozialpsychiatrischen Dienst einen Mann kennengelernt habe, der schwerkrank danieder lag. Der Mann habe ihm einen schlimmen Traum anvertraut. Im Traum sei der Tod am Fenster des Krankenzimmers erschienen und habe versucht, den Mann mit sich hinauszuziehen. Gespannt wartete ich, wie mein Kollege reagiert hatte. Aber was hörte ich dann? Der Psychologe hatte versucht, den Schwerkranken zu einer zwei Jahre dauernden psychoanalytischen „Kurz"therapie zu überreden, damit man entdecken könne, woher der starke Todestrieb komme, der diesen Mann (angeblich!) beherrschte ...

Die Erinnerung ist kein photographischer Film

Nicht nur in bezug auf die Träume gibt es fragwürdige Entlarvungstendenzen. Auch in bezug auf die Erinnerungen an die frühe Kindheit sind psychologischen Aufdeckungsstrategien keine Grenzen gesetzt. Und das, obwohl man heute aus Tausenden von Polizeiprotokollen weiß, daß die Zeugenaussagen nach Unfällen oder Verbrechen in ganz erstaunlichem Maße voneinander abweichen und oft sogar einander widersprechen, selbst wenn es sich um ehrliche Zeugen handelt und das zur Debatte stehende Vorkommnis noch nicht lange zurückliegt. Um so mehr sind Kindheitserinnerungen außerordentlich verschwommen und subjektiv und demzufolge mit größter Vorsicht zu interpretieren.

Vor Jahren kam ich in einem Kinderheim, das ich psychologisch betreute, mit vier Geschwistern in Kontakt, die allesamt Schulprobleme hatten und intellektuell minder begabt waren. Ich sollte sie testen und die beste schulische Laufbahn für jedes Kind empfehlen. Die Kinder im Alter zwischen sieben und 14 Jahren hatten bis vor drei Jahren bei ihren Eltern gewohnt und waren dann von einem Tag auf den anderen ins Kinderheim gekommen, weil die Eltern geschieden wurden und keiner der Elternteile die Kinder hatte übernehmen können.

Während der Testuntersuchung sprach ich mit jedem Kind einzeln und ließ mir berichten, wie es seine Situation im Kinderheim bzw. die seltenen Besuche daheim empfinde. Wie überrascht war ich, als ich von jedem Kind eine höchst unterschiedliche Beschreibung seiner Eltern erhielt sowie eine andere Begründung für deren Verhalten. Während ein Mädchen den Vater als extrem streng einschätzte – was aus psychologischer Sicht stets „bedenklich" klingt –, meinte die um ein Jahr jüngere Schwester, der Vater sei meist freundlich und zu Späßen aufgelegt gewesen. Und während der ältere Bruder den Vater als vielbeschäftigten Mann einstufte, der für Spielereien kaum Zeit gehabt habe, meinte der Jüngste, nur der Vater habe ihm Spielsachen geschenkt und mit ihnen umzugehen gelehrt und sonst niemand. Jedes Kind hatte das Elternhaus in anderer Erinnerung, und wenn man auch die Möglichkeit in Betracht ziehen muß, daß sich die Eltern den Kindern gegenüber etwas unterschiedlich verhalten haben mögen, so ist es doch unwahrscheinlich, daß sie solch konträre Verhaltensweisen in der Familie entwickelt haben sollen. Wenn ich mir diese vier Kinder als erwachsene Patienten auf psychoanalytischen Couchen liegend und Kindheitserinnerungen erörternd vorstelle, was sie hoffentlich nicht nötig haben, müßte ich krasse Fehlinterpretationen der ursprünglichen Sachlage befürchten.

Die Erinnerung des Menschen ist kein photographischer Film, der alles in wahrheitsgetreuen Relationen aufzeichnet, sondern eine Serie von herausgegriffenen Blitzlichtern auf einem dunklen, nebulosen Vergessenshintergrund. Je nachdem, welche Blitzlichter jemand gesammelt hat und in welche Richtung er dabei vorwiegend geblickt hat, ergibt sich in der Gesamtheit ein Bildablauf mit bunt gemischten Eindrücken von diesem oder jenem Akzent. Bleiben wir somit bei psychologischen Deutungen von nächtlichen Träumen oder frühkindlichen Erinnerungen zurückhaltend – was wirklich „dahintersteckt" und ob es für die Gegenwart relevant ist, weiß niemand zur Gänze.

Bist du am Ende, was du bist?

Als Goethe seinen Mephistopheles zum Faust sagen ließ:

Du bist am Ende – was du bist.
Setz dir Perücken auf von Millionen Locken,
Setz deinen Fuß auf ellenhohe Socken,
Du bleibst doch immer, was du bist,

ahnte er nicht, daß er damit seinem „Geist, der stets verneint", eine Ansicht in den Mund legte, die noch an der Grenze zum 3. Jahrtausend verbreitet sein würde. Verbreitet und falsch, denn gerade in der Psychologie erleben wir oft das pure Gegenteil des mephistophelischen Wortes. Erleben wir, daß ein Mensch am Ende eben nicht mehr derselbe ist, der er war, sondern ein anderer geworden ist. Wir beobachten wiederholt, daß eine innere Wandlung, ein geistiges Reifen und Wachsen auch aus Schwäche, Krankheit und Not heraus möglich ist und davon sogar direkt gefördert werden kann.

Wenn z.B. ein Kind ursprünglich unerwünscht gewesen ist, dürfen daraus keine Schlüsse für die spätere Mutter-Kind-Beziehung gezogen werden. Die Mutter braucht Jahre nach der Schwangerschaft nicht mehr diejenige zu sein, die sie während der Schwangerschaft gewesen ist. Ihre Liebe zum Kind kann gediehen, ihre einstige Ablehnung längst überholt sein. „Am Ende" ist sie mittlerweile selig über ihr Kind. Auch Faust ist an seinen Zweifeln und seiner schweren Schuld gewachsen, allen Prognosen des Mephistopheles zum Trotz, und vielleicht war es just das, was der greise Goethe in seiner Erleuchtung der Menschheit noch zurufen wollte. Der Mensch muß sich nicht gleichbleiben, nicht als Verbrecher, nicht als Kranker, nicht als Alter – immer hat er die Fähigkeit, sich zu verändern!

Unter diesem erfreulichen Gesichtspunkt wird manche populärpsychologische Ausrede brüchig. Ein Mann ärgert sich über seinen Vorgesetzten. Klar, daß er seine Wut an Frau und Kindern ausläßt. Klar? Eine Frau war schon als Mädchen in der Schule sehr schüchtern. Klar, daß sie sich im Berufsleben nicht durchzusetzen wagt. Klar? Eine Frau war Prostituierte und heiratet eines Tages einen netten Mann. Klar, daß sie nicht zärtlich zu ihm sein kann. Klar? Ein junger Mann hat eine autoritäre Erziehung genossen. Klar, daß er nunmehr selber seine Untergebenen wegen jeder Kleinigkeit anbrüllt. *Ist das alles klar?* Du bist am Ende – was du bist, du kannst nicht aus deiner Haut … welch eine bequeme Ausrede, welch eine hoffnungslose Perspektive! Hier geht es weniger um psychologische Fehldeutungen als vielmehr um psychologische Entschuldigungen, die zu leichtfertig benützt werden – von Laien, aber nicht nur von Laien. Die mephistophelische (im Fachbegriff: deterministische) Behauptung, daß der geistige Reaktionsspielraum eines Menschen quasi gleich Null sei, weil seine bisherige Vergangenheit sein Leben und Verhalten total präge, wird leider auch seitens gewisser „Experten der Seele" aufgestellt. Sie möchten ihre Patienten von lästigen Schuldgefühlen entlasten und übersehen dabei, was Viktor E. Frankl in den schönen Satz gekleidet hat: „Wenn man dem Menschen die Schuld nimmt, dann nimmt man ihm auch die Würde."

Denn die Würde des Menschen besteht nicht zuletzt in jenem winzigen Gestaltungsfreiraum, der ihm in jedem bewußten Augenblick kraft seines Menschseins unverlierbar verbürgt ist.

Wessen der Mensch dennoch fähig ist

Ich habe Menschen gesehen, denen das Schicksal eine immense Bürde aufgeladen hat, und ich sah sie aufrecht gehen. Ich habe andere Menschen gesehen, deren Schultern frei von jeder Last waren, und trotzdem krochen sie, symbolisch gesprochen, gebückt dahin. In der Psychiatrie gibt es schwere Erkrankungen, die sich dem Willen der Patienten entziehen. Dennoch verbleibt ihnen die „Miniwahl", sich zur eigenen Krankheit positiv oder negativ einzustellen, und schon dieser kleine Spalt in der psychotischen Einmauerung genügt manchmal, um der Krankheit noch eine Wende zum Guten abzuringen.

Ich habe eine Frau mit einer mittelschweren (endogenen) Depression gekannt, die ihr Leiden akzeptiert hat und innerlich bereit gewesen ist, die zyklisch wiederkehrenden depressiven Phasen geduldig zu ertragen. Sie malte ein Schild, das sie während der Anfälle von grundlosen Weinkrämpfen und Traurigkeit auf ihr Nachtkästchen stellte. Darauf stand: „Jetzt kann es mir nur noch besser gehen!" Jeder, der sie besuchte, mußte über das Schild lächeln, und so, erklärte sie, sähe sie wenigstens hie und da lächelnde Gesichter, wenn sie schon selber nicht zu lächeln vermag.

Welch eine großartige Haltung kommt darin zum Ausdruck, allen Schicksalsfaktoren zum Trotz! Ich bin sicher, daß es diese Frau nur auf Grund ihrer tapferen Haltung fertiggebracht hat, in den gesunden Zwischenphasen zwischen den Depressionen ein völlig normales und zufriedenes Leben zu führen, was wenigen (endogen) depressiv Kranken gelingt. Am Beispiel kann man ersehen, daß es oft nicht möglich ist, per Willenskraft eine Krankheit zu besiegen oder eine Behinderung abzuwenden, doch eine Verbesserung der eigenen Einstellung zur Krankheit oder Behinderung ist fast immer noch denkbar.

Viktor E. Frankl hat einmal in einem privaten Brief an mich geschrieben: „Wenn sich eine ausweglose Situation nicht äußerlich bewältigen läßt, dann bleibt nur die Flucht nach oben, in die Selbstgestaltung, ins innere Wachsen an einer hoffnungslosen Situation, deren hilfloses Opfer man geworden ist. Ich pflege da stets daran zu erinnern, daß die in einem Wald dicht stehenden Bäume gezwungen sind, nur umso mehr in die Höhe zu wachsen!"

Nun, als Naturliebhaberin kann ich bestätigen, daß in den Hochwäldern meiner österreichischen Heimat die schönsten und höchsten Tannen dort zu finden sind, wo sie derart gedrängt stehen, daß kein Lichtstrahl bis zu den Tiefen ihres Grundes vordringt und kein Wanderer sich mehr seinen Weg querfeldein bahnen kann. Genauso kann ich als Psychologin bestätigen, daß die beeindruckendsten Menschen, die ich kennen lernen durfte und vor denen ich mich in Ehrfurcht verneige, in den Reihen der Leidenden zu finden waren, und zwar unter denjenigen, die von solch bitteren Schicksalsschlägen getroffen worden waren, daß man hätte glauben können, sie müßten notgedrungen verzagen. Es war umgekehrt: Sie haben in dieser Situation begonnen, über sich selbst hinauszuwachsen.

Zum Beispiel war in einer meiner therapeutischen Gruppen eine Dame, die an einer unheilbaren Krankheit litt. Sie unterstützte mich bei meiner Bemühung, in den Gruppengesprächen anregende Akzente zu setzen, und schaffte es häufig, deprimierte Gruppenteilnehmer zur Wahrnehmung von irgend etwas Positivem oder Wertvollem in deren Umfeld zu geleiten. Eines Tages nahm ich die genannte Dame beiseite und sprach ihr meinen Dank für ihre fast kotherapeutische Mitwirkung aus, da sagte sie zu mir: „Ach wissen Sie, seit ich mit meiner Krankheit und ihren absehbaren Folgen lebe, lebe ich unvergleichlich intensiver als vorher. Es ist, als wäre ich noch einmal geboren worden. Ich sehe die schönen Dinge rings um mich, die ich früher nie gesehen habe. Ich lausche auf die Worte meiner Mitmenschen, ich freue mich über jeden Tag. Ich danke Gott für alles, was ich noch tun kann. Als ich gesund war, bin ich wie blind und taub durch die Tage gehetzt. Jetzt ist mir jede Stunde kostbar, und deswegen tut es mir weh zu beobachten, wie andere ihr Leben griesgrämig vertun. Ich möchte ihnen helfen, sich rechtzeitig auf das ungeheure Geschenk, lebendig zu sein, zu besinnen, bevor es dafür zu spät ist." Ich konnte nur staunen über den Heldenmut dieser Frau. Da war jedes weitere Wort überflüssig, und ich drückte ihr stumm die Hand. Diese Frau hat bewiesen, wessen der Mensch in einer unabänderlichen Lage noch fähig ist.

Der schwierige Weg zur Integration

Manchmal stellt eine alte Leiderfahrung einen massiven Beweggrund dar, um gegenwärtige günstige Lebensumstände zu schätzen und darüber froh zu sein, statt weiter vor sich hinzuleiden und neue Probleme zu erzeugen. Das gilt insbesondere für Flüchtlinge, Einwanderer etc., die in eine soziale Isolation zu geraten drohen. Ihnen wäre es dienlich, sich bewußt zu machen, was das Bejahungswürdige ist, das sie jetzt – im Unterschied zu früher – besitzen. Gastarbeiter aus fremden Kulturen z.B. sind häufig vor schlechten wirtschaftlichen Bedingungen aus ihrem Land geflüchtet und haben ein bescheidenes Einkommen dafür eingetauscht, freilich um den Preis, sich anpassen zu müssen. Aber selbst die nötige Anpassung, etwa das Erlernen der neuen Sprache, läßt sich im Licht einer positiven Einstellung akzeptabel verstehen – als eine Chance, den eigenen Wissensstand zu vergrößern und einen Fleck Erde kennenzulernen, der einem ansonsten verschlossen geblieben wäre …

Ein Gastarbeiter mit einer solchen inneren Einstellung, der also die politische Sicherheit, seinen Arbeitsplatz oder die guten Schulen für seine Kinder schätzt, wird sich empfänglichen Geistes in seiner neuen Umgebung bewegen und bald nicht mehr wirklich fremd sein. Über seine Dankbarkeit wird er *Freude* gewinnen, über seine Aufgeschlossenheit *Freunde*, und beides wird ihm helfen, sich die wichtigste Voraussetzung zur sozialen Integration zu erarbeiten: *Toleranz*.

Mit alledem soll nicht gesagt sein, daß nicht auch das Einwanderungsland seinen Beitrag zur Problemlösung zu leisten hätte. Dieser hängt ebenfalls von der inneren Einstellung der dort lebenden Personen ab. Aus egoistischen Kalkulationen heraus werden sie ihre „Gäste" als „Fremdkörper" ablehnen. Sie können sie aber auch als „Zufuhr an frischem Blut und frischen Ideen" verstehen, die der eigenen gesellschaftlichen Überalterung und Degeneration im Wiederkäuen überlieferter Traditionen gegensteuert. Die Aufhebung der Isolation ihrer „Fremdkörper" würde dann einer eigenen künftigen Isolation in der völkergeschichtlichen Entwicklung vorbeugen.

Der Weg vom Vielgötterglauben zum Glauben an den *einen* Gott, der alles in sich vereinigt, was dem menschlichen Geist in seiner Beschränktheit unbegreiflich bleibt, war lang und dornenreich. Er ist noch nicht überall auf der Erde zu Ende gegangen. Der Weg vom nationalen Egoismus zum Wissen um die *eine* Menschheit ist nicht minder lang und dornenreich, und der ist noch nirgends zu Ende gegangen. Mag sein, daß die Mischung der Völker, selbst wenn sie unvermeidliche Härten und Fremdheitsgefühle für die einzelnen im Gefolge hat, eine notwendige Voraussetzung dafür bedeutet, daß dieser Weg mehr und mehr gangbar wird. „Soll ein Sinn gefunden werden, der für alle gilt", schrieb Viktor E. Frankl[4] diesbezüglich, dann muß die Menschheit, nachdem sie vor Tausenden von Jahren den Monotheismus hervorbrachte, den Glauben an den einen Gott, nunmehr einen weiteren Schritt folgen lassen, nämlich das Wissen um die eine Menschheit. Mehr den je brauchen wir heute einen *Monanthropismus*". Ein prophetisches Wort!

Zur Verkraftbarkeit von Streß und Muße

Arthur Schopenhauer hat gemeint, daß das menschliche Leben ständig zwischen zwei Extremen hin- und herpendle, nämlich zwischen Not und Langeweile. Wie wahr diese Vermutung ist, wissen wir aus der psychotherapeutischen Praxis, denn beide Extreme können Menschen zur

[4] Viktor E. Frankl, „Der leidende Mensch", Huber, Bern, 2. Auflage 1996, Seite 41.

Verzweiflung treiben: Not zur vermeintlichen Hoffnungslosigkeit und Langeweile zur vermeintlichen Sinnlosigkeit des Daseins. Schenkt man statistischen Zahlen Glauben, so leiden je ca. 20 Prozent der heutigen europäischen Bevölkerung an dem einen wie am anderen; am Frust des sich unaufhörlich Sorgenmüssens um die eigene Existenz oder an der „existentiellen Frustration" in Franklscher Definition, das heißt, an einer inneren Leere und Übersättigung bei materieller Sorgenfreiheit.

Freilich bieten sich Alternativen dazu an. Beide Extreme können auch als Stimulatoren für die Mobilisierung geistiger Kräfte angesehen werden und in dieser Funktion menschliches Potential entfalten helfen statt lähmen. Not kann zum Impuls werden, daß der Betreffende seine Fähigkeiten konzentriert einsetzt, um die Not zu überwinden. Langeweile kann ein Impuls dafür sein, endlich die Fesseln der Passivität zu sprengen und sich des „Aufgabencharakters des Lebens" wieder bewußt zu werden, demzufolge uns sozusagen die Erfüllung des uns Bestmöglichen aufgetragenen ist. „Das Tun ist nicht etwa dazu da, daß wir der Langeweile entgehen", schrieb Viktor E. Frankl[5], „sondern die Langeweile ist dazu da, daß wir dem Nichtstun entgehen und dem Sinn unseres Lebens gerecht werden."

Die beiden Extreme können mit den Vokabeln „Streß" und „Muße" umschrieben werden. Denn jede Form von seelischer Belastung oder gar Überlastung produziert Streß, wohingegen die Formen von kritischer Entlastung und seelischer Unterbelastung im allgemeinen mit einem

---

[5] Viktor E. Frankl, „Ärztliche Seelsorge", Deuticke, Wien, 10. Auflage 1982, Seite 116.

Zuviel an Muße gekoppelt sind. Vom psychohygienischen Standpunkt aus gibt es dazu eine einfache Regel, die lautet: *Streß braucht eine Zukunft, und Muße braucht eine Vergangenheit, um verkraftbar zu bleiben.* Wieso das?

Überlegen wir: Arbeit, Leistungserbringung und sämtliche schöpferisch-gestalterischen Prozesse, seien sie manuell oder geistig, sind zukunftsorientiert. Selbst im komplexen Getriebe eines Unternehmens hat jeder Mitarbeiter gewisse Zukunftswünsche mit Zugkraft: die Übernahme einer verantwortungsvollen Tätigkeit, Anerkennung oder simpel das tägliche Brot – auch morgen noch. Im Privatbereich stehen die Ziele konkreter vor Augen. Wer sich Einbaumöbel zimmert oder wer seine Familienchronik niederschreibt, möchte etwas in die Zukunft hineinschaffen, und der Gedanke an die spätere Vollendung seines Schaffens gibt seiner gegenwärtigen Tätigkeit Sinn. Bei solcher Zukunftsorientierung wird Streß als wenig belastend wahrgenommen. Im Gegenteil wird es eher als irritierend empfunden, wenn ein Außenstehender die zukunftsorientierte Arbeit stört. Ein Maler etwa, der an einem Portrait arbeitet, kann höchst ungehalten werden, wenn er den Pinsel beiseite legen soll, um irgendeiner Fremdverpflichtung nachzukommen. Er ist innerlich an seine Aufgabe hingegeben, die nach Fertigstellung drängt, und das Arbeiten freut ihn, obwohl er stundenlang dabei ausharren muß.

Ganz anders ist es mit der Zeit der Muße, die verständlicherweise keine Zukunftsorientierung haben kann. Sie ist ja die Pause zwischen den Schaffensperioden, die der Rekreation und inneren Sammlung dient. Dennoch bedarf auch müßig verbrachte Freizeit eines Sinnkonnexes, und zwar mit einer vorangegangenen Tätigkeit, die unterbrochen oder abgeschlossen worden ist. Die beste Muße ist diejenige, die auf eine intensive Arbeitsphase folgt, welche zu einem guten (Zwischen-)Ergebnis geführt hat. Die Zufriedenheit mit dem getanen Werk und mit sich selbst überstrahlt die Pause danach, die man sich gönnt, um wieder zu Kräften zu gelangen. Wer müde nach des Tages Arbeit nach Hause kommt, wird einen ruhigen Feierabend genießen. Der Maler, der sein Portrait vollendet hat, wird sich vielleicht erschöpft und doch „ergriffen" im Lehnstuhl ausstrecken. Der Hobbybastler, dessen Zimmereinrichtung im Eigenbau geglückt ist, wird durch die Räume schlendern im stolzen Bewußtsein, sein Vorhaben ausgeführt zu haben.

Wehe aber, wenn Streß keine Zukunft und Muße keine Vergangenheit haben! Wenn Arbeit ziellos geschehen muß, z.B. bloß in sich wiederholender Routine besteht, und wenn (nicht selten als Konsequenz davon, aber auch bei Arbeitslosigkeit) die Pause keine zufriedene Resonanz auf die vorangegangene Tätigkeit in sich birgt ... Dann wird Streß unerträglich, weil man nicht weiß, *wozu* man sich plagen soll, und dann wird müßige Freizeit so schrecklich langweilig, weil man nicht weiß, *wovon* sie denn ein Ausruhen bedeuten soll. Beide Pole, aus ihrer Sinnvernetzung herausgebrochen, verlieren ihre dynamisierende bzw. erholsame Wirkung, und zurück bleibt jeweils die reine Quantität an Spannung oder Entspannung, die ab einem bestimmten Volumen pathogen ist.

Der Mensch lebt nicht für sein Brot allein

Wir sagten, zur seelischen Gesundheit gehöre ein ausgewogener Rhythmus von Belastung und Entlastung bzw. von Streß und Muße. Sollte jemand in seiner täglichen Arbeit absolut keine Erfüllung finden und sie nur um des Gelderwerbs willen lustlos verrichten, kann ihm ein „therapeutischer Trick" (der mitunter Patienten in der Rekonvaleszenzphase erläutert wird) ein wenig Linderung bringen. Dabei wird die Freizeit nochmals funktional unterteilt in einen aktiven und einen kontemplativen Teil. Der aktive Teil soll dann praktisch das Fehlen einer sinnvollen und zielgerichteten Arbeit kompensieren, und der kontemplative Teil behält die ursprüngliche Funktion der Freizeit als Ruhe- und Entspannungsreservoir bei. Gelingt dies, gewinnt der Betreffende Freude an seiner Leistung im aktiven Teil – Leistung im besten Wortsinn verstanden! – und dadurch auch Zufriedenheit mit der vollbrachten Leistung im nachfolgenden kontemplativen Teil, in dem er wieder „auftankt". Es wird also die natürliche und bekömmliche Konstellation eines Wechselspiels zwischen sinnerfüllter Arbeit und davon emotional überstrahlter Erholungspause künstlich aufgebaut, indem ein Engagement innerhalb der unausgefüllten Freizeit geweckt wird, welches zwar die Pause verkürzt, sie aber als zufriedenstellender erleben läßt als vorher.

Ich habe eine Patientin mit einer schweren psychogenen Depression gekannt, die sich in ihrer Lethargie den ganzen Tag langweilte, bis durch einen Zufall in ihrer Nähe ein Ausländer-Flüchtlingslager errichtet wurde. Die Frau begann, sich für den Aufbau dieses Lagers und speziell für die Beschaffung von Spielmaterial für die Flüchtlingskinder zu interessieren. Sie erbettelte in ihrem gesamten Bekanntenkreis abgelegte Kleider und Spielsachen und blieb nachts lange wach, um die Sachen auszubessern und zu verschönern. Das weder erwartete noch angestrebte Ergebnis ihrer intensiven Tätigkeit war, daß ihre seit Jahren nicht weichen wollende depressive Stimmung mit einem Schlag verschwand und sich die Frau auch nicht mehr langweilte. Sie gönnte sich selbst kaum eine Pause, und dennoch wurde ihre Freizeit von ihr plötzlich als „beflügelnd" eingeschätzt.

Ein ähnliches Beispiel ist eine unverheiratete Beamtin, die nahe daran war, ihr Leben wegzuwerfen, weil sie sich müßig und überflüssig vorkam. Ihre tägliche Arbeit war eintönig, und ihre Freizeit plätscherte ohne „Würze" und Inhalt dahin. Im Laufe unserer Beratungsgespräche kam sie auf die Idee, kostenlose Weiterbildungskurse für junge Leute anzubieten, vor allem für Anfänger einer Beamtenlaufbahn. Da sie sich größte Mühe gab, die Kurse lebendig und abwechslungsreich zu gestalten, erhielt sie häufig positive Rückmeldungen, und die Treue und Begeisterung ihrer Schüler steckte sie an. Ihr Leben bekam einen ganz neuen Sinn, ihre Abende und Wochenenden waren ausgefüllt, und sie dachte nicht im entferntesten mehr daran, sterben zu wollen.

Der Mensch lebt nicht vom Brot allein – dieser bekannte Satz kann auch umformuliert werden: Der Mensch lebt nicht *für* sein Brot allein! Er braucht einen persönlichen Wirkungsbereich, in dem er unverwechselbar das Seine tut und somit unvertretbar ist. Ob sich die „Dienst"zeit oder die Freizeit oder im Idealfall beides dafür eignet, variiert von Mensch zu Mensch und von Situation zu Situation, bloß wenn überhaupt keine Zeit dafür reserviert wird, kehrt keine Ruhe in die Seele ein. Wahrhaftig tiefe Ruhe schöpfen wir nur aus der Zufriedenheit mit uns selbst, und diese wiederum ist der Lohn unseres konstruktiven und positiven Einsatzes auf dem Platz, auf den wir nun einmal hingestellt sind. Insbesondere die Sinn- oder Sinnlosigkeitserfahrung in der Freizeit gleicht in gewisser Weise sogar der Sinn- oder Sinnlosigkeitserfahrung unseres gesamten „Erdengastspiels". Denn auch das Sterben, das Hinübergleiten in die tiefste und endgültigste Ruhepause, die es gibt, ist bitter, wenn wir auf ein ungenütztes und leeres Leben zurückblicken müssen, und ist sanft und gütig, wenn es von der Zufriedenheit eines erfüllten Lebens überstrahlt wird.

Der Umweg zur Selbstfindung

Wer gelegentlich Spaziergänge im Park macht, um Singvögel zu füttern, weiß um jenes Geheimnis, dem Viktor E. Frankl in seiner Logotherapie wieder auf die Spur gekommen ist, nämlich, daß sich manch Kostbares nicht auf direktem Wege erreichen läßt. Es benötigt einen Umweg. Der Vogelliebhaber jedenfalls weiß, daß er nicht die Hand nach seinen Lieblingen ausstrecken darf, ja, daß er sie auf Nimmerwiedersehen verscheuchen würde, wollte er nach ihnen greifen. Hat er aber Geduld und kann er mit dem Futter auf der offenen Handfläche warten, wird sich früher oder später ein kleiner gefiederter Held auf seine Hand wagen und das Dargebotene „stibitzen".

Analog ergeht es dem modernen Menschen in bezug auf seine heißersehnte *Selbstfindung*, die sich dem direkten Zugriff entwindet. „Seit 20 Jahren bin ich auf der Suche nach mir selbst und finde nichts", klagte eine in Selbsterfahrungs- und Encountergruppen wohlbewanderte Patientin bei mir. Meine Aufgabe war es, ihr den Umweg schmackhaft zu machen. Den Umweg über das Nicht-Selbsthafte. „Sehen Sie sich um. Was sehen Sie?"

Noch war die Patientin wie blind für ihre Mit-, Außen- und Umwelt. Das logotherapeutische Gespräch würde jedoch ihre Sinne schärfen und ihren Blick klären. Wir sprachen von anderen Menschen und deren Erlebnissen. Wir sprachen von sachlichen Veränderungen, die ein Stück Zukunft erschließen könnten, wo bislang Sackgassen endeten. Langsam vermochte die Frau, mir zu folgen. Es stellte sich heraus, daß viele Startgüter ihres Lebens vernachlässigt worden waren: ihr ehemaliger Freundeskreis, die Hausmusik, die sie einst geliebt hatte, die ungebremste Kreativität ihrer Mädchenjahre. „Wie ist das alles gekommen?" fragte sie mich. Wir einigten uns, die Frage umzuformulieren: „Was kann der Sinn dessen sein, daß alles so gekommen ist?" Sie ahnte die Antwort. Der Sinn konnte darin liegen, daß sie sich buchstäblich be-sann.
Anfangs standen täglich drei Vorhaben auf dem therapeutischen Programm:

1) Eine nette Begegnung mit einem anderen Menschen. Es durfte auch eine gedankliche Begegnung sein, ein geschriebener Gruß, ein Telefongespräch. Die Patientin sollte sich bei dieser Begegnung bewußt dem anderen zuwenden, ihn wahrnehmen, seine Situation überdenken und das passende Wort für ihn auswählen.
2) Eine nützliche Handlung. Wir grübelten nicht darüber nach, was „nützlich" sei, denn die Patientin verstand

durchaus, was gemeint war. Eine Tätigkeit, die einen Sinn hat und zu etwas Positivem führt. Für die man Ideen braucht, auch Anstrengung, Ausdauer und ggf. Selbstüberwindung.

3) Eine stille Pause, die mit Meditation gefüllt ist, und zwar mit gegenständlicher Meditation. Es sollte etwas betrachtet und erfühlt werden. Der rötliche Abendhimmel eignete sich dafür genauso wie der knorrige Baum vor dem Fenster oder die Blüte des Weihnachtskaktus im Schaufenster. Es ging um Besinnung, die das Subjekt mit dem Objekt verknüpft.

Die Vorhaben erwiesen sich als schwierig, aber umsetzbar, und es folgte eine Zeit heilsamen Umlernens. Kam die Frau zur Beratung, fragte ich sie: „Was haben Sie mit Ihren ‚geistigen Augen' gesehen? Sie konnte mehr und mehr berichten. Alte Freundschaften lebten wieder auf, vergessene Übungen am Akkordeon wurden reaktiviert, ihre Sensibilität für die Welt nahm zu. Ihre Tage wurden voller, die Stunden inhaltsreicher. Bald brauchte sie sich keinen Tagesplan mehr aufzustellen, denn zwischenmenschliche Kontakte, nützliche Tätigkeiten und besinnliche Pausen waren ihr zur Selbstverständlichkeit geworden. Sogar wöchentliche Hausmusikabende wurden installiert. „Mir geht es gut wie schon lange nicht", berichtete die Frau, „es kommt mir vor, als wäre ein Alptraum vorüber." Nachdenklich sah ich sie an. Dann thematisierte ich das ‚heiße Eisen' ein letztes Mal: „Was ist nun mit Ihrer Suche nach sich selbst?" Sie lächelte: „Seltsam, als ich aufhörte, mich zu suchen, begann ich, mich zu finden …"

Endlich an sich selber denken?

Ich suchte Gott
und fand ihn nicht.
Ich suchte mich selbst
und fand mich auch nicht.
Ich suchte meinen Nächsten
und fand – alle drei.
(aus dem Talmud)

Die bewunderungswürdigsten Persönlichkeiten sind diejenigen, die sich so sehr einem Ideal widmen, daß sie sich selbst vergessen. Die erfolgreichsten Menschen sind diejenigen, die sich um den Erfolg überhaupt nicht kümmern, sondern ein sinnvolles Ziel vor Augen haben, für das sie sich einsetzen. Einer meiner geheilten Patienten schrieb in einem Dankesbrief an mich den aufschlußreichen Satz: „Seitdem mir die früher für mich selbst wichtig erscheinenden Dinge egal geworden sind, rennt mir der Erfolg förmlich hinterher …" Die glücklichsten Menschen sind diejenigen, die keinen einzigen Gedanken an ein zu erwartende Glück verschwenden, sondern sich ganz der Freude des Augenblicks hingeben. Wer nach Erfolg und Glück greift, greift unweigerlich ins Leere – oder, wie Frankl es formulierte: Der „Wille zur Macht" steht sich selbst genauso im Weg wie der „Wille zur Lust". Wer hingegen die „Sache an sich" ersehnt, erhofft, erkämpft, erduldet …, dem wird Erfolg und Glück dazugeschenkt.

Mir ist der Fall einer älteren Krankenschwester bekannt, die aufopfernd ihren Beruf ausübte und stets noch ein wenig mehr für die Kranken tat, als sie hätte tun müssen. Unzählige Nachtwachen hatten ihr Gesicht gezeichnet, und vom ständigen Herumlaufen war ihr Rücken gebeugt, aber an Ausdauer, Energie und Güte war sie den jüngeren Kräften auf ihrer Station überlegen.

Eines Tages wurden die Schwestern des Hauses zur Teilnahme an wöchentlichen Supervisionsstunden verpflichtet. Dabei sollten sie dem Supervisor offenbaren, welche unbewältigten Konflikte sie bei ihrer täglichen Arbeit bedrückten. Auch sollten sie sich gegenseitig eingestehen, welche Neid-, Antipathie-, oder Eifersuchtsgefühle sie plagten. Als die ältere Krankenschwester diese Supervisionsstunden für überflüssig hielt und äußerte, die Zeit lieber den Kranken widmen zu wollen, wurde sie als „neurotisch" klassifiziert und als typisches Beispiel für jemanden hingestellt, der an einem „Helfersyndrom" leidet und sich zwangsweise einbildet, ohne Unterlaß anderen Menschen helfen zu müssen. Die Krankenschwester wurde mittels sanftem Zureden genötigt, sich einer psychotherapeutischen Behandlung zu unterziehen.

In der Behandlung wurde der Lebenslauf der Krankenschwester nach neurotischen Fehlentwicklungen durchleuchtet, wobei großes Gewicht darauf gelegt wurde, daß sie unverheiratet geblieben war und ohne Mann zu Hause lebte. Als sie erklärte, ihr Verlobter sei im Krieg gefallen und sie habe sein Andenken bewahrt, indem sie allein geblieben war, wurden bei ihr sexuelle Komplexe diagnostiziert, die zur Ersatzbefriedigung in der Arbeit geführt hätten. Die Krankenschwester wollte das nicht akzeptieren. Sie meinte schlicht, die Arbeit mit Menschen habe ihr immer schon Freude bereitet; doch ihr Widerspruch wurde als zusätzlicher Beweis für ihre seelische Störung gedeutet.

Kernpunkt der Therapie war schließlich die eindringliche Mahnung, sie müsse aufhören, immer nur an andere zu denken, und müsse beginnen, an sich selber zu denken. Sie müsse ihre intimsten Bedürfnisse erforschen und ihren heimlichsten Träumen nachsinnen, um herauszufinden, nach welcher Befriedigung es sie am meisten dränge. Von den vielen Spekulationen über sich selbst wurde die Frau ganz verwirrt und zweifelte bald an allen ihren bisherigen Handlungen und Motiven. Sie grämte sich, wurde abweisend und verschlossen, lächelte die Kranken auf ihrer Station nicht mehr an und sprach ihnen nicht mehr Mut zu. Alles war ihr als „Ausdruck unbewußter Komplexe" verdächtig, und je mehr sie über ihre jeweiligen Beweggründe nachgrübelte, desto düsterer und „versäumter" dünkte sie auf einmal ihr Leben. Die Schwermut, die sie befiel, wurde als „neurotische Depression" interpretiert, und es dauerte nicht lange, da tauchte die Frage auf, ob sie dem Klinikbetrieb noch gewachsen sei oder besser in Rente gehen solle. Dann hätte sie auch mehr Zeit für sich selbst als unter der ständigen Arbeitsbelastung. Die Krankenschwester wollte nicht vorzeitig zu arbeiten aufhören, aber in ihrer Lethargie und Verunsicherung gab sie den Fremdvorschlägen nach.

Ein Mensch, der jahrzehntelang täglich von anderen gebraucht worden ist und dabei seine persönliche Erfüllung gefunden hat, erholt sich jedoch nicht, indem er plötzlich einsam zu Hause sitzt und über sich selbst nachdenkt; von niemandem gebraucht und ohne sinnvolle Beschäftigung. Nach einem Jahr lustlosen und zurückgezogenen Dahinlebens starb die pensionierte Krankenschwester ohne schwerwiegenden physiologischen Grund. Ob sie länger gelebt hätte, wenn sie niemals solch inkompetente Supervisions- und Therapiestunden erhalten hätte? Wer weiß?

Ein Experiment zur „Kritikfalle"

Wieviel von der Auswahl dessen abhängt, dem vorrangig Beachtung geschenkt wird, soll an einem kleinen Experiment aus der Verhaltenspsychologie demonstriert werden[6].

Es war 9 Uhr 20 vormittags in einer Klasse mit Anfängern. 48 Schüler, 2 Lehrer. 2 Räume mit einer beweglichen Zwischenwand standen der Klasse zur Verfügung. Die Tische der Kinder waren in 6 Gruppen zu je 8 Kindern aufgeteilt. Die Kinder hatten eine Aufgabe bekommen, die sie an ihrem Platz ausführen sollten, während die beiden jungen und begabten Lehrer einzelnen kleinen Gruppen das Lesen beibrachten.

Die Beobachter betraten den Raum, setzten sich und notierten in den folgenden 20 Minuten in Abständen von je 10 Sekunden die Zahl der Kinder, die nicht an ihrem Platz waren. Die Beobachtungen wurden 6 Tage lang angestellt. Die Beobachter notierten auch, wie oft die Lehrer die Kinder baten, sich zu setzen oder zu ihren Plätzen zurückzukehren.

Während dieser ersten 6 Tage waren etwa alle 10 Sekunden 3 Kinder von ihren Plätzen entfernt. Die Lehrer sagten in den 20 Minuten etwa 7mal „setzt euch".

Dann trat etwas Erstaunliches ein. Die Lehrer wurden gebeten, öfters zu den Kindern „setzt euch" zu sagen. Während der nächsten 12 Tage sagten die Lehrer in je 20 Minuten 27,5mal „setzt euch". Die Kinder standen

6 Aus dem Buch „Spielregeln für Eltern und Erzieher" von Wesely C. Becker, Reihe „Leben lernen" Nr. 9, Verlag J. Pfeiffer, München 1977.

öfters auf – im Durchschnitt standen alle 10 Sekunden je 4,5 Kinder. Wir machten noch einen Versuch. In den nächsten 8 Tagen sagten die Lehrer in 20 Minuten wieder nur 7mal „setzt euch". Die Zahl der Kinder, die den Platz verließen, ging auf einen Durchschnitt von je 3 Kindern je 10 Sekunden zurück. Dann baten wir die Lehrer noch einmal, öfters zu den Kindern „setzt euch" zu sagen (28mal in 20 Minuten). Die Kinder standen wieder öfters auf. 4mal alle 10 Sekunden.

Zum Schluß baten wir die Lehrer, es überhaupt zu unterlassen, „setzt euch" zu sagen, und statt dessen das Arbeiten und das Sitzenbleiben zu loben. Sie machten das gut, und weniger als 2 Kinder standen je 10 Sekunden – die niedrigste Zahl, die je beobachtet worden war.

Was in diesem Experiment nachgewiesen worden ist, ist die sogenannte „Kritikfalle", nämlich die Tatsache, daß verstärkte Kritik meist erst recht jenes Verhalten hervorruft, das kritisiert wird. Weil dann aber das kritisierte Störverhalten verstärkt auftritt, wird es zunehmend kritisiert, und diese Kritik verstärkt es wiederum, woraus logischerweise kein Entkommen ist, es sei denn, man reduziert die Kritik *trotz* häufigem Störverhalten und lenkt die Aufmerksamkeit auf das Positive – was außerhalb eines Experimentes in der Wirklichkeit des Lebens nicht leicht ist. Erschwerend kommt hinzu, daß Kritik oft einen kurzfristigen Erfolg zeitigt, der über den grundsätzlichen Fallenmechanismus hinwegtäuscht. So bewirkt das „setzt euch" der Lehrer im genannten Schulalltag ein momentanes Hinsetzen der Kinder, wenn sie auch später umso häufiger aufstehen, und jenes momentane Hinsetzen kann die Illusion erzeugen, daß die Kritik richtig und angebracht war.

Im Endeffekt aber bewirkt sie das Gegenteil, weil sie die Lehrer zwingt, das Negative zu beachten und nicht das Positive, und weil stets dasjenige, was wir geistig beachten, Verstärkung erfährt. Erfahren wir, um wieviel sich das Negative verstärken kann, wenn man es zentral beachtet:

In einem Versuch verwandelten wir eine „gute" Klasse für ein paar Wochen in eine „schlechte". Wir veranlaßten den Lehrer, die Kinder nicht mehr zu loben. Als der Lehrer die Kinder nicht mehr lobte, nahm das unerwünschte Störverhalten von 8,7 % bis zu 25,5 % zu. Der Lehrer rügte das Störverhalten und unterließ es, das Verhalten der Kinder zu loben, die sich mit ihrer Arbeit beschäftigten.

Als wir den Lehrer baten, die Kinder anstatt 5mal in 20 Minuten 16mal in 20 Minuten zu rügen, war das Störverhalten sogar noch stärker. Es nahm bis zu einem Durchschnitt von 31,2 % zu und lag an manchen Tagen bei über 50 %. Das Störverhalten nahm durch die Aufmerksamkeit, die man diesem Verhalten schenkte, noch zu. Als die Kinder wieder gelobt wurden, kehrte auch ihre Arbeitswilligkeit wieder zurück.

Der Versuch zeigt, daß man unerwünschtes Störverhalten bei Kindern innerhalb weniger Wochen von 8,7 Prozent bis auf die beängstigende Höhe von über 50 Prozent hinaufschrauben kann, und zwar lediglich durch die Aufmerksamkeit, die man diesem Verhalten schenkt!

Die Erweiterung zur „Selbstkritikfalle"

Wenden wir uns jetzt einer erweiterten „Kritikfalle" zu, die bei seelisch gestörten Erwachsenen nicht selten zuschnappt. Sie wurde von Viktor E. Frankl erforscht und besteht aus der Dreierkombination: Egozentrierung, Negativierung und Hyperreflexion. Was ist damit gemeint?

Egozentrierung ist nicht dasselbe wie Egoismus, obwohl gewisse Parallelen vorhanden sind. Egozentrierung bedeutet nicht notwendigerweise, daß ein persönlicher Vorteil, gar auf Kosten anderer, angestrebt wird. Sie bedeutet einfach eine Überbeachtung des eigenen Ichs, dem gegenüber alles ringsum schattenhaft verblaßt; bedeutet eine Überbeschäftigung mit sich selbst.

Negativierung ist auch nicht dasselbe wie Pessimismus, obgleich Parallelen erkennbar sind. Aber während die pessimistische Einstellung die Zukunft in den dunkelsten Farben zeichnet, dämpft die Negativierung die Farbenpracht sämtlicher Bilder und Zeiten. Sie rückt immer das Negative ins Blickfeld, das „Haar in der Suppe", und schafft dadurch eine Weltsicht, in der das Schlechte, Böse und Traurige überproportional aufscheint.

Hyperreflexion ist definierbar als ein ungesundes und fast zwanghaftes Kreisen der Gedanken um ein und dieselbe Sache; ein „Kleben" an etwas, das einen nicht mehr losläßt und gefangen nimmt. Es ist praktisch die Überbewertung eines einzelnen Lebensfaktums, das in den Vordergrund des Denkens gehievt wird, wohingegen die übrigen Lebensinhalte in den Hintergrund zurücksinken.

Der gemeinsame Nenner der drei Phänomene ist klar. Sie schränken, jedes auf seine Art, die geistige Wahrnehmung des Menschen ein und zentrieren ihn auf sich selbst, auf das Negative in seinem Umfeld und auf ein Detail, das seine gesamte Aufmerksamkeit auf sich zieht. In Dreierkombination: auf eine notorische Unzufriedenheit mit einer bestimmten unerfreulichen Angelegenheit des eigenen Lebens, um die sich alles Sinnen und Trachten dreht wie eine in der Rille einer alten Schallplatte steckengebliebene Nadel, die ein paar Mißakkorde endlos wiederholt.

Ich hatte einst einen Patienten, dessen Hauptproblem in seiner schlechten Zeiteinteilung bestand. Statt spontan aus Einsicht oder Vergnügen heraus dasjenige zu erledigen, was dem Augenblick entsprach, dachte er immer erst lange darüber nach, was er eigentlich zu tun habe bzw. längst hätte tun sollen. Dies führte dazu, daß er sich kaum entscheiden konnte, irgend etwas zu tun. Er verbrachte die meiste Zeit mit nutzlosen Grübeleien, und wenn er dann später feststellte, daß er wieder einmal nichts vorangebracht hatte, verfiel er in heftige Selbstvorwürfe, die ihn nochmals Zeit und Kraft kosteten und vom sinnvollen Tun abhielten. Zwischendurch hatte er „lichte Momente", in denen er beschloß, sich zusammenzureißen und endlich Ordnung in das Chaos seiner Angelegenheiten zu bringen, aber sie zeitigten nur kurzfristige Erfolge ähnlich dem vorläufigen Hinsetzen der Kinder nach der wiederholten Aufforderung der Lehrer im vorhin genannten Experiment. Langfristig reagierte er stets aufs neue mit passiver Unentschlossenheit, weil er sich durch seine permanente Selbstkritik als „zeiteinteilungsunfähig" einstufte und seine Bemühungen von vornherein für aussichtslos hielt. Die Kritik an sich selbst schwächte seinen Widerstand gegen die kritisierte Schwäche.

Im Leben des Mannes gab es jedoch neben seinem Problem auch gesunde und intakte Bereiche, aus denen er

Hoffnung schöpfen konnte. Nämlich einen Beruf, den er mochte und bei dem ihn seine Labilität nicht behinderte, weil ihm ein exakter Arbeitsrhythmus vorgeschrieben war, und eine Frau, die ihn großzügig unterstützte. Gefährlich wurde sein Problem daher erst, als er eines Tages keinen Halt in den intakten Lebensbereichen mehr fand, weil sie beide zufällig eine Zeitlang ausfielen. Er war auf Urlaub in einem Kurort, und seine Frau wurde wegen einer Familienfeier nach Hause gerufen. Er hatte also nichts Besonderes zu tun und blieb allein mit seiner Unfähigkeit, die freie Zeit zu strukturieren. Nach einigen Tagen stand er morgens nicht mehr auf, nahm weder den einladenden Sonnenschein vor dem Fenster noch die schönen Kurangebote des Ortes wahr, und konnte an nichts anderes mehr denken als an seine Unentschlossenheit in bezug auf irgendwelche ihm abverlangten Initiativen. Seine Verzweiflung steigerte sich derart, daß ihn der zuständige Kurarzt an mich überwies.

Der Schlüssel, der die „Falle" aufsperrt

Zum Aufsperren der geschilderten „Falle" hält die Logotherapie Viktor E. Frankls einen „Spezialschlüssel" namens *Dereflexion* parat.

Um den Wirkmechanismus der Dereflexion darzustellen, will ich kurz auf das verhaltenspsychologische Experiment in der Schülerklasse zurückblenden. Wir haben dem Ergebnis entnommen, daß Lob günstiger als Strafe ist – eine der fundamentalen Aussagen der Verhaltenstherapie. Die Logotherapie geht in ihrer Beobachtungskunst noch einen Schritt weiter und fragt nach den urtümlichen menschlichen Motiven, nach dem „Willen zum Sinn". Wann erscheint es einem Lehrer sinnvoll zu rügen, zu strafen? Wohl dann, wenn er negatives Schülerverhalten bemerkt. Und wann erscheint es einem Lehrer sinnvoll, zu loben und anzuerkennen? Wohl dann, wenn er positives Schülerverhalten bemerkt. Sollten sich also Schüler abwechselnd erwünscht und unerwünscht verhalten, wie es der Realität entspricht, wird die Neigung des Lehrers, zu loben oder zu strafen, wesentlich von seiner Neigung, das Positive oder das Negative wahrzunehmen, abhängen. Dasjenige, dem er vorrangig seine Beachtung schenkt, wird seine Reaktion auslösen. Oder anders formuliert: Die Auswahl, die er angesichts der Gesamteindrücke in der Schulklasse trifft, entscheidet über die Auswahl, die er bei seinen eigenen Verhaltensweisen trifft. Ein Lehrer, der vornehmlich das gute Verhalten bei seinen Schülern beachtet und das schlechte übergeht, wird naturgemäß mehr *Grund* zum Loben vorfinden als ein Lehrer, der vornehmlich das schlechte Verhalten seiner Schüler im Auge (und in der Seele) behält.

Demnach ist unsere geistige Wahrnehmung eine „Sonde für Gut und Böse", die darüber entscheidet, was von beidem schlußendlich bei uns ankommt, ja, Impulse welcher Qualität unser innerstes Denken, Fühlen und Begreifen erreichen und unser Handeln stimulieren und welche am Weg dorthin aussortiert werden. Wer mit „geistigen Augen" vermehrt das Erfreuliche „sieht", hat Grund zur Heiterkeit; wer nur das Bedauernswerte „sieht", hat Grund zur Trauer.

Am Ende der Experimentbeschreibung steht der lehrreiche Satz: „Als die Kinder wieder gelobt wurden, kehrte auch ihre Arbeitswilligkeit zurück." Ein solches Wieder-Loben ist im Experiment nicht schwierig; man straft oder lobt gewissermaßen auf Befehl des Experimentators. Wie aber schaut dies in der Wirklichkeit aus? Angenommen, eine Schulklasse ist tatsächlich „verdorben" und die Kinder zeigen ein durchschnittliches Störverhalten von 31,2 Prozent, das an manchen Tagen bei über 50 Prozent liegt. Wie soll der Lehrer die Kinder „wieder loben"? Über eine unfolgsame, unruhige Kinderschar, die andauernd von ihren Plätzen aufspringt, ist kein Lehrer glücklich. Wahrscheinlich ärgert er sich sogar gewaltig, und da soll er plötzlich loben? Genauso ergeht es den in der „Selbstkritikfalle" gefangenen Patienten. Sie haben massive Probleme mit sich selbst und sollen trotzdem aus ihrer Egozentrierung und Negativierung aussteigen und sich gedanklich mit etwas völlig anderem beschäftigen, sozusagen mit allem, bloß nicht mit dem Negativen, das sie selbst betrifft – können sie das überhaupt?

Nun, sie können es. Lehrer können auch schlimme Kinder loben ... da, wo sie es verdienen. Egozentriker können auch ihre Nächsten liebevoll erspüren, Pessimisten können auch Zuversicht entwickeln ... allerdings muß die geistige Wahrnehmung ein wenig korrigiert werden. Die „Sonde für Gut und Böse" muß von Böse auf Gut umschwenken, muß das Negative links liegen lassen und das Positive akzentuieren. Sie muß der bisherigen Einseitigkeit eine bewußt angestrebte gegenpolige Einseitigkeit entgegenstellen, die den gesunden Ausgleich schafft: Dereflexion!

Deswegen brauchte mein unentschlossener Patient eine Aufgabe, der er sich – ungeachtet seines Zeiteinteilungsproblems – in der Freizeit voll widmen konnte. Eine Aufgabe, die seine Gedanken durchdringen und sein Herz öffnen würde, die ihn morgens aus dem Bett springen lassen würde in der Vorfreude, sie zu erfüllen. Und sogar ein Lehrer, der seinen ABC-Schützen das Lesen beibringen soll, braucht eine Aufgabe, die hinter und über dem Alltäglichen steht, ein Werk, an dessen Gedeihen er seine Kräfte messen kann, und sind die Schüler unruhig, dann erst recht. Eine zutiefst sinnvolle Aufgabe vereinigt alle Kriterien in sich, die der Egozentrierung, Negativierung und Hyperreflexion entgegenwirken. Sie führt über das Ich hinaus, weil sie stets einen Teil der Außenwelt miteinbezieht, der gestaltet werden soll; sie wird als positiv erlebt, denn wäre dem nicht so, wäre sie auch nicht sinnvoll; und sie erfordert die volle Konzentration desjenigen, der sich mit ihr befaßt, was jegliche Hyperreflexion um ein kleines Randproblem verunmöglicht. Im dereflektorischen Heilungsprozeß ist daher nichts anderes nötig, als eine sinnvolle Aufgabe zu entdecken und sich ihr mit intensiver Hingabe zu widmen – sogleich schnappt das Schloß der „Selbstkritikfalle" auf und gibt die kummerbeladene Seele wieder frei.

Wo ein Wille zum Sinn ist, ist ein Weg

Was in einem konkreten Fall als sinnvolle Aufgabe in Frage kommt, hängt von den vorliegenden Umständen ab. Ein Lehrer könnte sich z.B. zum Ziel setzen, bei den ihm anvertrauten Kindern die besten Eignungs- und Begabungsschwerpunkte zu erkennen und zu fördern. Das würde bedeuten, daß er zusätzlich zum Lehrplanstoff, den er zu vermitteln hat, Anregungen in den Unterricht einstreut, die zu den Begabungen seiner Schüler passen, etwa im musischen, sozialen oder sportlichen Bereich. Dank solcher Anregungen, die das Gewicht auf die guten Anlagen der Kinder legen, würde nicht nur der Lehrer die Unruhe der Klasse weniger hyperreflektieren, sondern es würde auch die Klasse an Ruhe gewinnen, weil die kleinen Zusatzangebote zum Lernstoff das Interesse der Kinder wecken.

Ähnlich hat mein o.g. Patient gelernt, den Ärger mit seiner Zeiteinteilung zu vergessen, als ich ihn ermutigte, ein lang erwünschtes Hobby von ihm in Angriff zu nehmen, das er von Jahr zu Jahr auf das nächste Jahr verschoben hatte. Es war bereits sein Bubentraum gewesen, ferngesteuerte Flugzeuge zu basteln und in weiten Bögen über sich kreisen zu lassen, und da seither die technischen Möglichkeiten auf diesem Gebiet geradezu explodiert waren, war es höchste Zeit, an die Verwirklichung seines Traumes zu schreiten. Statt Beruhigungstabletten gab ich ihm den Auftrag, ein Fachgeschäft aufzusuchen und sich eingehend über die elektronische Ausstattung von Modellflugzeugen zu informieren. Bis zum nächsten Tag sollte er einen ungefähren Kostenplan für eine Erstausrüstung austüfteln. Tags darauf legte er mir den Plan telefonisch vor und erhielt die Anweisung, die Grundbauteile zu besorgen und sich – ohne sich um die Tageseinteilung zu kümmern – unverzüglich an die Arbeit zu machen. Nach einer Woche berichtete seine Frau, mit der ich ebenfalls Kontakt hatte, daß sie ihren Mann noch nie so „zeitlos vertieft" erlebt habe, wie bei ihrer Rückkehr in den Kurort. Das Flugzeug wurde gebaut, und wenn es auch bei seinem Jungfernstart leicht ramponiert in einem Acker landete, erfüllte es doch seinen Sinn, nämlich die „Selbstkritikfalle" des Erbauers aufzusperren, glänzend.

Als ich mich Monate später wieder mit dem Mann unterhielt, der inzwischen an seinen Arbeitsplatz zurückgekehrt war, verriet er mir, daß ihn zwar manchmal noch der Gedanke beschleiche, er könne mit seiner Freizeit nichts Rechtes anfangen, aber dann gehe er zu seinem mittlerweile dritten Flugzeug und streichle es sanft an den Flügeln. Dabei durchströme ihn ein kindliches Glücksgefühl: daß er nämlich durchaus etwas Sinnvolles in seiner Freizeit schaffen könne und gar nicht der unfähige Versager sei, der er lange geglaubt hatte zu sein.

Das Schicksal ist weniger mächtig, als wir glauben, wann immer es uns gelingt, zu schmerzlichen Tatbeständen ein positives dereflektorisches Gegengewicht zu setzen. Innere Negativa, wie z.B. die Schwäche der Wankelmütigkeit, oder äußere Negativa, wie z.B. eine Schar unfolgsamer Kinder, können durch Positiva aufgewogen werden, die wir mit Hilfe unserer geistigen Wahrnehmung „auskundschaften" und mit Hilfe unserer geistigen Energien verwirklichen. „Wo ein Wille, da ist auch ein Weg", sagt ein altes Sprichwort – logotherapeutisch könnte man ergänzen: „Wo ein Wille zum Sinn, da ist auch ein Weg zum sinnerfüllten Leben." Es gibt kaum etwas, woraus unsere „Sonde für Gut und Böse" nicht doch irgendein Gutes herausfiltern könnte, und sobald sich solches zeigt, können wir innehalten im Kritisieren, Lamentieren, Hyperreflektieren und uns den Aufgaben des Lebens zuwenden, die uns die eigentliche Freiheit jenseits von Schicksal und Zufall erschließen: die Freiheit des Geistes.

Vergleich des Lebens mit einem Mosaikbild

Eine schöne Metapher vergleicht das menschliche Leben mit einem Mosaikbild, das sich aus unzähligen Steinchen verschiedenster Farbschattierungen zusammensetzt. Es gibt große und kleine darunter, strahlend helle, kristallfarbene, die die Lichtpunkte unseres Lebens symbolisieren, und schaurig düstere, schwarze, die Pech und Leid bedeuten. Am Ende unseres Lebens fügt sich das Mosaik zu einem vollkommenen Bild bestimmter Formen und Farben zusammen, das unsere unverwechselbare Existenz widerspiegelt in der Einmaligkeit und Einzigartigkeit seiner Gestalt. Das Bild eines jeden Menschen ist anders und auf seine Weise unwiederholbar.

Manche Steine, helle wie dunkle, werden sozusagen vom Schicksal „ins Mosaik geworfen" und bleiben auf klebrigem Untergrund haften, ohne daß wir sie verrücken können. Es sind die Bedingungen, die sich unserem Zugriff entziehen: unser Erbgut, das sich niemand aussuchen kann, das Elternhaus, das Zeitalter und die Kultur, in die wir hineingeboren werden. Mitunter wird einem ein dunkler Stein direkt „vor die Füße geknallt"; es geschieht etwas Schreckliches, –Unfaßbares, und man kann sich nicht wehren. Analog fallen lichte Steine ins Bild, gnadenreiche Zufälle, die ganz ohne unser Zutun geschehen, wenngleich wir sie natürlich gerne geschehen lassen.

Zwischen diesen schicksalhaften Steinen bleiben jedoch Plätze frei, kleinere und größere Zwischenräume, in denen sich noch kein Mosaikstein befindet. Plätze, die ausgefüllt werden können mit Entscheidungen und Beiträgen unserer persönlichen Wahl, die wir willentlich treffen. Abseits vom Mosaik liegen nämlich ringsum lose Steinchen zu unserer freien Verfügung herum, helle, dunkle, bunte ..., die die zahlreichen Möglichkeiten symbolisieren, die uns in fast jeder Lage gegeben sind. Diese Steinchen können wir aus eigener Kraft und nach Gutdünken ins Bild setzen, um das endgültige Mosaik mitzuformen. Dabei kann folgendes geschehen:

1. Jemand sieht nur das eigene halbfertige Mosaik mit seinen aufgeklebten Steinen und blickt nicht nach außen, wo freie Steine, sprich: Wert- und Sinnverwirklichungsmöglichkeiten ungenützt herumliegen. Er ist fixiert auf das Sosein seines Ichs, ohne ein Anderswerdenkönnen gedanklich durchzuspielen – die *Egozentrierung*.

2. Jemand sieht ausschließlich die dunklen Steine, sowohl im Mosaik als auch außerhalb davon. Er ist „farbenblind" für die hellen Schattierungen und setzt deshalb auch selber nur dunkle Steine in sein Lebensbild – die *Negativierung*.

3. Jemand hat einen einzigen schwarzen Stein vor Augen, auf den er wie gebannt starrt, ohne den Blick davon zu lösen. Je länger er ihn anstarrt, desto stärker fällt er der Verzweiflung anheim – die *Hyperreflexion*.

Wie hilft da die Logotherapie? Keine wissenschaftliche Erklärung bringt ihre typische Vorgangsweise so präzise zum Ausdruck wie die nachstehende metapherinterne Beschreibung:

Der logotherapeutische Berater führt die Hand eines Menschen behutsam über dessen Mosaikbild und tastet gemeinsam mit ihm ab, wo „Leerstellen" sind, wo es also Bereiche zwischen den festgeklebten Steinen gibt, die der freien Wahl des Betreffenden offen stehen. Das heißt, daß er zunächst die Freiräume eines Lebens aufspürt und zugleich die Verantwortung, sie mit passenden Inhalten zu füllen, ja, daß er unter Umständen einen Patienten erst vom (deterministischen) Fatalismus loseisen muß, ehe er ihn der seelischen Genesung zuführen kann. Während der Phase des „Abtastens" macht der Berater kontinuierlich auf die hell schimmernden Steine aufmerksam, die das Mosaik durchziehen, damit sie tief ins Bewußtsein des Patienten eindringen und nicht übersehen werden.

Als nächsten Schritt nimmt der Berater den Patienten an der Hand und führt ihn abseits vom Mosaik in die verschiedenen Richtungen der Umwelt hinaus, wo er ihn lehrt, nach vorhandenen Steinen Ausschau zu halten, die in dessen Mosaik passen könnten. Er begibt sich mit ihm auf die Suche nach Sinn, um gemeinsam dessen verwirklichungswürdige Möglichkeiten zu eruieren, die in der Situation verborgen ruhen. Auch dabei weist er vor allem auf die hellfarbigen Steine hin, die gelegentlich unter Schatten versteckt schwer sichtbar sind.

Hat der Patient dann innere Freiräume erkannt, die er, ohne es bisher gewußt oder beherzigt zu haben, besitzt, und hat er äußere Inhalte gefunden, die geeignet wären, jene Freiräume sinnvoll zu ergänzen, kurz, ist er auf dem Weg, sein Mosaikbild aktiv und gewissenstreu mitzugestalten, dann gehört es zur abrundenden Arbeit des logotherapeutischen Beraters, seinem Schützling noch eine letzte „Medizin" mit ins Leben zu geben, ehe er ihn in die Selbständigkeit entläßt. Es handelt sich um die Akzeptierung der unverrückbaren, dunklen Steine.

Um eine strahlend helle Figur in einem Bild zum Leuchten zu bringen (wie z.B. Anthonis van Dycks Gesichter in seinen Gemälden), *bedarf* es nämlich sogar manch dunklen Hintergrundes; kein weißer Stein kommt neben verwaschenen Grautönen zur Geltung. Genauso bedarf auch das Mosaik unseres Lebens der Kontraste, um wahrhaft reifen zu lassen, was in uns schlummert. Bedarf der Herausforderung durch das Schicksal, um das Potential unserer geistigen Kräfte zur Entfaltung zu bringen. Die erstaunlichsten menschlichen Leistungen, die beeindruckendsten Heldentaten hätten zum überwiegenden Teil nicht stattgefunden, wären sie nicht einem unveränderbaren Leiden entwachsen; wobei mit Helden nicht Sieger historischer Schlachten gemeint sind, sondern der Gelähmte, der sein Leben vom Rollstuhl aus meistert, oder das alte Mütterchen, das mit einem milden Lächeln durch seine späten Tage humpelt. Dies sollen unsere Patienten wissen, wenn sie am Mosaik ihres Lebens weiterformen: daß sie nicht nur die Wahl haben, selber helle Steine ins Bild zu setzen, sondern daß sie auch die Chance haben, diese just an die Kanten dunkler Schicksalssteine anzufügen, um sie durch den entstehenden Kontrast zur vollen Wirkung zu bringen. Welch anderer Stein überstrahlt das ganze Mosaik so sehr wie ein weißer, der mitten in eine Menge von schwarzen gebettet worden ist?

Die Logotherapie orientiert sich an den hellen Augenblicken des Lebens und ahnt doch den Sinn der dunklen.

Praktisch muß der heranwachsende Mensch irgendwann einmal erkennen, daß es nicht um sein eigenes Wohlbefinden allein geht, wie es in seiner Kindheit der Fall gewesen ist – weshalb er auch elterliche Betreuung gebraucht hat –, sondern daß er zunehmend gefordert ist, sich kreativ in die Welt einzubringen. Beispielsweise ist die Berufswahl ein Übergangsstadium, das von den ursprünglich ichbezogenen Abwägungen, etwas gern oder ungern zu tun, zum vernünftigen Pflichtbewußtsein führt, das ein persönliches Engagement verlangt, ob dieses angenehm oder weniger angenehm ist. Die innere Einstellung „um einer Sache willen" muß ebenso gelernt werden wie die zwischenmenschliche Beziehung „um einer (beruflich involvierten oder privat geliebten) Person willen". Der Wandel vom infantilen Geschrei nach Bedürfnisbefriedigung hin zum erwachsenen Begreifen wichtiger und notwendiger Einsatzbereiche im Leben, bei deren Handhabung eigene Bedürfnisse manchmal zurückgestellt werden müssen, ist die Menschwerdung schlechthin – erst wer diesen Wandel an sich selbst vollzogen hat, ist ein reifer Mensch geworden.

Das gilt insbesondere, wenn eigene Kinder mitbeteiligt sind. Es ist merkwürdig, daß in demselben Jahrhundert, in dem die Psychologie nachgewiesen – und teils sogar überbetont – hat, daß den Kindern während ihrer frühen, empfindsamen Jahre höchste pädagogische Sorgfalt gewidmet werden muß, um neurotischen Fehlentwicklungen vorzubeugen, daß in demselben Jahrhundert die Emanzipation des modernen Menschen und speziell der Frau ihren Siegeszug angetreten hat mit der verblüffenden Folge, daß gegenwärtig bei uns die Hälfte der Ehen bricht, die Mehrzahl der Mütter außer Haus arbeitet und de facto immer weniger Kinder das von der Psychologie so vehement propagierte liebevolle „Nest" in einer warmen familiären Gemeinschaft erleben.

In diesem Zusammenhang hört man oft Leute abfällig sagen, es sei unzumutbar oder gar lächerlich, bloß wegen der Kinder eine zerrüttete Ehe aufrecht zu erhalten. Glauben jene Leute jedoch wirklich, daß Kinder es nicht wert sind, ihretwillen Opfer zu bringen? Freilich wäre zu wünschen, daß Ehepaare mehr verbindet als das beidseitige Interesse am Kind. Dennoch darf mit Fug und Recht behauptet werden, daß die gemeinsame Erziehungsverantwortung Argument genug ist, Eltern aneinander zu schmieden in der Verpflichtung, das beste aus ihrer Partnerschaft zu machen, das gerade noch möglich ist. Die Logik, daß ein „broken home" humaner sei als ein unaufhörlicher Krach zu Hause, klingt zwar bestechend, täuscht aber vor, daß es keine Alternativen zum Streit gäbe als die Trennung der Eltern, was gewöhnlich nicht stimmt. Sinnvolle Alternativen zum unaufhörlichen Krach zu Hause wären in den meisten Fällen die Aufstockung der Friedenswilligkeit, die Einübung in der Kunst der Kompromißfindung, Achtung und Sachlichkeit bei Disputen aller Art, und dergleichen mehr.

Kinder halten im allgemeinen viel aus, viel mehr, als sie den Thesen der Tiefenpsychologie nach „dürften". Sie überstehen es ganz gut, die Mutter mit dem Vater zu teilen, ohne ödipale Komplexe zu entwickeln, und sie lernen, wenn auch gelegentlich mit Bauchweh und Zähneknirschen, die Zuwendung ihrer Eltern mit ihren Geschwistern zu teilen, ohne sich in endlose Eifersuchtshysterien hineinzusteigern. Sie hören auf, in die Hose zu machen, ohne lebenslang anale Phantasien zu produzieren, und sie schlucken elterliche Strafmaßnahmen, ohne von derlei Umweltrepressalien geknickt zu werden. Selbst Verzichte auf Spielsachen, Mithilfe im Haushalt, Schulstreß und Kämpfe mit Gleichaltrigen hinterlassen weniger seelische Narben als man denkt und stählen die kindlichen Kräfte, sich in Prüfungen zu bewähren.

Kinder halten viel aus, aber sie brauchen Vater und Mutter. Die Liebe und Beständigkeit ihrer Eltern ist ihr Rückgrat, und solange dieses ungebrochen ist, trotzen sie fast jedem Schicksalssturm. Wo aber Vater und Mutter sich grausam entzweien, beginnt das Leid der Kinder, und es ist ein schlimmeres Leid als Schmerz und Hunger.

Sie haben sich wieder zusammengerauft

Einmal wurde mir ein 16jähriger Junge vorgestellt, der versucht hatte, sich aufzuhängen und mit knapper Not gerettet werden konnte. Dem Ereignis waren dramatische eheliche Auseinandersetzungen seiner Eltern vorausgegangen, im Zuge derer seine Mutter beschlossen hatte, die Familie zu verlassen. Der Junge mochte beide Eltern und konnte den Auszug der Mutter von daheim nicht ertragen. Die behandelnden Ärzte des Krankenhauses, in das der Junge eingeliefert worden war, baten mich um eine familientherapeutische Intervention, um eine Wiederholung des Vorfalls zu verhindern. Die Eltern lehnten jedoch alles Gemeinsame ab, sogar gemeinsame Gespräche mit einem Therapeuten, so verhärtet waren die Fronten.

Im Einzelgespräch fand ich schließlich Zugang zu der

Frau und riet ihr nachdrücklich, wenigstens noch ein paar Jahre in der Familie zu verweilen und sich mit ihrem Mann wohngemeinschaftlich zu arrangieren. Sie möge in redlichem Bemühen um ein harmonisches häusliches Klima ausharren, bis ihr Sohn älter und in sich gefestigter sei als jetzt, dann könne sie ja ihren eigenen Weg einschlagen. Die Frau verstand meinen Appell an ihr Verantwortungsgefühl und richtete sich innerlich darauf ein, die nächsten drei Jahre bei ihrem Mann zu bleiben, ohne Provokationen, statt dessen mit gelassener Höflichkeit, um danach, von ihrer Mutterpflicht entlastet, für eine Neuordnung ihres Lebens frei zu sein.

Vier Jahre später, als der junge Mann bereits volljährig war, rief mich die Frau eines Tages wegen eines Berufseignungstests ihres Sohnes an. Da fragte ich sie, wie es denn nun mit ihrem Vorhaben der Trennung von ihrer Familie stünde. „Ach, wissen Sie", antwortete sie, „mein Mann und ich haben uns wieder zusammengerauft und wollen auf unsere alten Tage auch nicht mehr auseinandergehen. Im Gegenteil, wir scheinen einander zunehmend zu brauchen, und das macht uns irgendwie dankbar für die Gegenwart des anderen ..." Die Ehekrise war also überwunden worden, obwohl es am Höhepunkt der Krise nicht nach reellen Chancen dafür ausgesehen hatte. Hätte allerdings der Sohn mit seiner Verzweiflungstat kein warnendes Signal gesetzt, wäre die geplante Trennung der Eltern vollzogen worden, und wer weiß, ob sie es nicht später bereut hätten.

Man kann durchaus willentlich und bewußt – nämlich „verantwortungs"bewußt – eine Ehe *um der Kinder willen* aufrechterhalten, und dies ist nicht einmal die schlechteste Motivation. Beinhaltet sie doch ein Motiv jenseits von

Gleichgültigkeit und Eigenliebe. Haß ist sehr oft eine Form von Liebe, wenn auch eine unglückliche und enttäuschte; dennoch, eine, die sich rückverwandeln läßt, weil noch Gefühle für den anderen und Interesse am anderen vorhanden sind. Der Gegenpol zur Liebe ist nicht der Haß, sondern die Gleichgültigkeit, und Gleichgültigkeit wandelt sich schwerer als Haß. Doch selbst wenn zwei Partner einander ziemlich gleichgültig geworden sind, aber beide in der Liebe zu den Kindern eine gemeinsame Basis anerkennen, lohnt es sich für sie, die Lebensgemeinschaft (nicht zuletzt zum Zwecke der Wirtschaftlichkeit und Arbeitsteilung) aufrecht zu erhalten und sich und die Kinder vor den Strapazen und Konsequenzen eines Scheidungsverfahrens zu bewahren. Es erhält den Kindern zumindest ein Zuhause mit Mutter und Vater. Mag sein, daß die Eltern in diesem Fall kein optimales Vorbild zwischenmenschlicher Kommunikation liefern, aber sie sind noch da.

Laut einer Statistik der Erziehungsberatungsstellen Deutschlands vom Jahr 1983 lebten damals zwei Drittel der wegen seelischer Störungen angemeldeten Kinder nicht mit ihrem leiblichen Vater zusammen, und über die Hälfte hatte tagsüber keine Mutter. Man fragte sich, *wer* in Sachen Erziehung eigentlich beraten werden sollte ... Daß die Zahlen im neuen Jahrhundert wesentlich familienfreundlicher ausfallen werden, ist leider nicht gesagt.

Der moderne Mensch läuft
zu leicht „heiß“, ihm fehlt
zu sehr das Öl der Liebe.
(Christian Morgenstern)

Die Scheidung wurde aufgeschoben

Eine Mutter brachte ihren fünfjährigen Sohn mit der Bitte zu uns, ihn in Spieltherapie aufzunehmen. Sie hatte gelesen, eine Spieltherapie unterstütze die Persönlichkeitsentfaltung eines Kindes und helfe ihm über Entwicklungskrisen hinweg. Ich fragte, welche Entwicklungskrisen sie bei ihrem Sohn vermute, weil dieser auf mich den Eindruck eines normalen und aufgeweckten Bürschchens machte. Da erzählte die Mutter, daß sie in Scheidung lebe und regelmäßig heftige Zerwürfnisse mit ihrem getrennt lebenden Ehemann habe, der den Jungen jedes zweite Wochenende bei sich behalte und gegen sie, die Mutter, aufhetze. Sie gab zu, auch ihrerseits den Jungen öfters vor dem Vater zu warnen und ihm alles Ärgerliche über diesen „bösen Mann" ungeschminkt mitzuteilen. Nach den Wochenenden beim Vater näßte das Kind nachts ein und zerstörte Spielsachen im Kindergarten, weswegen sich die Kindergärtnerin besorgt über seinen Zustand geäußert hatte.

Familientragödien solcher Art gibt es unzählige. Die Kinder sind den Ungereimtheiten ihrer Eltern wehrlos ausgeliefert und inhalieren ein Vorbild von Zynismus und Unbeugsamkeit zwischen denjenigen Menschen, die ihnen nahestehen wie niemand sonst auf der Welt. Die Kinder sollen dann therapeutisch behandelt werden, weil sich ihre „leiblichen Erzeuger" nicht mehr miteinander vertragen.

Ich legte der genannten Mutter dar, daß ich es für unsinnig hielt, ihren Sohn einmal wöchentlich für ein bis zwei Stunden in Spieltherapie aufzunehmen, um sein Selbstvertrauen zu stärken, während zur selben Zeit vielleicht fünf- bis zehnmal wöchentlich sein Urvertrauen zum Leben untergraben werde durch massive gegenseitige Angriffe und Abwertungen seiner engsten Bezugspersonen. Nicht das Kind, sondern sie und ihr Mann benötigten fachlichen Rat, weshalb ich sie bat, sich zu überwinden und gemeinsam mit ihm, aber ohne den Jungen, zum nächsten Gespräch zu kommen.

Als die beiden dann bei mir saßen, war es, als sei ein kalter Wind zur Türe hereingefegt, so eisig waren Blicke und Mimik der Eheleute. Sie verdeutlichten mir sogleich, daß ich mich in ihre Scheidungsabsicht nicht einmischen möge. „In Ordnung", sagte ich, „Sie haben gewiß Ihre Gründe. Sie sollen nur wissen, daß jede Scheidung unausweichlich ein Versagenserlebnis mit sich bringt: das Gefühl, sich getäuscht zu haben, gescheitert zu sein, auch schuldig geworden zu sein, was man sich natürlich nicht gerne eingesteht (denn schuld muß immer der andere sein!), was einen aber lange bedrückt. Sie hätten nun die Chance, diese bedrückenden Gefühle wesentlich zu mildern, wenn es Ihnen gelänge, dem Kind zuliebe vernünftig miteinander zu kooperieren – trotz Trennung und Scheidungsprozeß. Vernünftig kooperieren heißt allerdings, daß keine gehässigen Worte vor dem Kinde fallen, keine Vorwürfe und Schuldzuweisungen ihren Umweg über die Ohren des Kindes machen und kein Feilschen um Besuchs- und Kontaktrechte mit dem Kind stattfindet. Für den Jungen sind Sie immer noch Vater und Mutter und bleiben es ein Leben lang; in seinem Herzen werden Sie nicht so schnell geschieden wie auf dem Papier."

Die beiden versuchten, ihr Verhalten zu rechtfertigen, doch darauf ließ ich mich nicht ein. „Die Gesundheit Ihres Kindes", faßte ich zusammen, „ist es sicher wert, daß

Sie alle Anstrengung unternehmen, um sie zu erhalten und zu fördern. Allein diese Aufgabe sollte genügen, um Sie in Ihren Streitigkeiten innehalten zu lassen und sich auf Ihre Verantwortung als Eltern zu besinnen. Dadurch könnte der Scheidungsaffäre sogar noch etwas Gutes entspringen, nämlich die Einsicht, daß wahre Elternschaft höher steht als persönliche Differenzen und über die eigenen Schwächen hinaus verpflichtet, ein würdiges Vorbild zu geben. Begraben Sie Ihre Feindseligkeit dem Kind zuliebe, und die ungestörte Entwicklung Ihres Sohnes wird Sie dafür belohnen!"

Einige Monate nach dieser Beratung erinnerte ich mich der Familie und rief unter der Telefonnummer der Mutter an, um mich zu erkundigen, wie es dem Kleinen gehe. Aber der Vater war am Telefon und bedankte sich für meine Nachfrage. „Ich wohne zur Zeit wieder bei meiner Familie", erklärte er und fügte etwas humorvoll hinzu: „Da wir ja sowieso wegen des Jungen miteinander kooperieren sollen, dachten wir, wir könnten die Scheidung gleich noch ein wenig aufschieben ..."

Gefühle weder ignorieren noch überbewerten

Für das Familienleben ist das veraltete psychologische Theorem von der „Triebhydraulik", wonach sich libidinöse und aggressive Triebgefühle im Menschen ansammeln und unbedingt entladen werden müssen, damit sie keinen explosiven Hochdruck erzeugen oder die Seele schädigend verdrängt werden, nicht aufrecht zu erhalten.

Würde jedes Familienmitglied in erster Linie seine Triebe abreagieren und seine Eigenwünsche anmelden, um tunlichst keine Bedürfnisse aufzustauen, könnte das Buch der jahrtausendealten Familiengeschichte des Menschen zugeklappt werden, denn die Familie würde über kurz oder lang aussterben. In Wirklichkeit ist es anders. Wir jubeln oder klagen und handeln dementsprechend, weil wir einen *Grund* für das eine oder andere haben, wie Viktor E. Frankl nachweisen konnte, und nicht, weil es uns ein angeschwollenes Triebpotential vorschreibt. Auf menschlichem Niveau ist der jeweils erfaßte – gelegentlich auch erdichtete – Grund das primäre und nicht das Loswerden eines emotionalen Staus. Ein Beispiel dazu:

Angenommen, jemand glaubt, ihm sei ein bitteres Unrecht zugefügt worden. Wird ihm gestattet, eine Stunde lang nach Lust und Laune Steine durch die Gegend zu werfen, um sich abzureagieren, wird ihn dies kaum erleichtern, denn der Grund seiner Wut ist mit dem Steinepoltern nicht aus der Welt geschafft, und solange dieser Grund besteht, besteht auch seine Wut. Gelingt es hingegen, den Grund der Wut zu entschärfen, indem dem Betreffenden aufgezeigt wird, daß das vermeintliche Unrecht ein Irrtum, eine wichtige Lehre etc. war, dann löst sich die Aggression von selbst auf, ohne daß ein Tobsuchtsanfall als Abreaktion vonnöten wäre.

Dasselbe gilt im Positiven: Auch Freude und Glück bedürfen eines Grundes zu ihrem Hervorquellen, und auch Familienglück ist daran gebunden, daß die familiäre Gemeinschaft als „erfreulich" bejaht wird. Diese Bejahung hatten die beiden getrennt lebenden Eltern des vorhin geschilderten Falles zurückgezogen. Trotzdem gab es für sie noch einen profunden Grund, ihren gegenseitigen Haß einzudämmen: die gefährdete Gesundheit ihres Kindes; und sowie es möglich war, ihnen diesen Sinngehalt vor Augen zu führen, ließ sich ihre Aggressivität regulieren. Nichts verbindet so sehr wie eine gemeinsame Aufgabe – eine Erkenntnis, die sich die Friedensforscher weltweit zunutze machen sollten!

Ich bin in Deutschland einem Amerikaner begegnet, der mir berichtete, er habe Jahre gebraucht, um sich nach dem Besuch psychotherapeutischer „encounter groups" in Kalifornien wieder zu normalisieren. In den Gruppen war ihm und den anderen Teilnehmern eingehämmert worden, jegliche Gefühlsregung auf der Stelle zu „verbalisieren", also auszusprechen, und jeden kleinsten Gedanken einer Abneigung oder Kritik den Mitmenschen sofort ins Gesicht zu sagen. Die Folge war, daß ihm jedermann aus dem Weg ging und er bald völlig isoliert dastand, ohne Familienanschluß und ohne Freunde. Er sei damals in eine schwere Depression versunken, und nur der Umzug nach Europa mit den vielen stimulierenden Eindrücken und Begegnungen habe ihn gerettet.

Heute kann von psychologischer Seite bestätigt werden, daß es weise ist, Gefühle weder zu ignorieren noch überzubewerten und auch manch scharfe Bemerkung, die einem auf der Zunge liegt, unausgesprochen zu lassen. Aus dem Volksmund, der davon weiß, daß „Reden Silber und Schweigen Gold ist", hallt zweifellos eine alte Erfahrung. Die Familie jedenfalls verkraftet keine psychologischen Extrempositionen, sondern braucht überall den ausgewogenen Mittelweg. Sie braucht ihn in der Kindererziehung zwischen den autoritären und antiautoritären Polen, und sie braucht ihn im Erwachsenenverhalten zwischen Egoismus und Martyrium. Sie braucht eine Liebe zwischen Distanziertheit und Vereinnahmung und eine Intimität zwischen Sexgier und Frigidität. Kurzum, sie braucht ein fugenloses Ineinandergreifen von Kognition und Emotion, gesteuert von Maß und Sinn.

Zwei unterschiedliche Familien

Im folgenden möchte ich zwei Familien vorstellen, die ich im Laufe meiner Berufstätigkeit kennengelernt habe, und zwar eine funktionierende und eine nicht funktionierende Familie. Wir wollen herausarbeiten, worin sich die beiden Familien essentiell voneinander unterscheiden.

Zu Familie „A" zählen eine Oma, die Eltern und zwei Kinder. Familie „B" setzt sich nur aus den beiden Eltern und einem Kind zusammen. Familie „A" lebt in bescheidenen Verhältnissen, ohne deswegen Not zu leiden. Familie „B" gehört dem gehobenen Mittelstand an. Auf Familie „A" ist der Schatten eines Leides gefallen, denn eines der zwei Kinder hat bei einem Sportunfall ein Auge verloren. Die Mitglieder der Familie „B" sind gesund. Allein die bisher genannten Fakten scheinen dafür zu sprechen, daß Familie „B" die günstigeren Lebensbedingungen vorfindet: Wohlstand, Gesundheit und relativ viel Bewegungsfreiheit dank der geringen Mitgliederzahl. Bewirken diese günstigen Bedingungen ein behagliches Familienklima?

Der Vater aus Familie „B" ist Manager in einem Kleinbetrieb, für dessen reibungslosen Geschäftsablauf er zuständig ist. Abends kommt er spät und abgespannt nach Hause und zieht sich in sein Arbeitszimmer zurück, wo er Fachzeitschriften studiert, um in der sich rasant verändernden Computerbranche auf dem laufenden zu bleiben. Gemeinsame Essen mit dem schnippischen Kind schätzt er nicht, weil er tagsüber viel reden und verhandeln muß und sich abends nach Ruhe sehnt. Am Wochenende ist er für seine Familie eher ansprechbar, erlebt aber nicht selten, daß das Interesse an seiner Ansprechbarkeit gering ist – Frau und Tochter haben ihre eigenen Pläne für den Sonntag. So besucht er den Frühschoppen oder trifft sich mit Bekannten und verbringt mehrere Stunden des Wochenendes in Lokalen.

Die Mutter ist Kosmetikerin und sehr modebewußt. Sie legt großen Wert auf ihr Äußeres und zieht sich stets schick an. Daher stört es sie gewaltig, daß ihre Tochter mit ungepflegten Haaren und geflickten Jeans herumläuft. Es gibt andauernd Reibereien darüber. Kommt die Mutter gegen 17.00 Uhr nach Hause, ist die Tochter meistens „ausgeflogen", und nur das schmutzige Geschirr in der Küche und die unordentlich hingeworfenen Schulsachen verraten deren vorübergehende Anwesenheit. Auch das trägt nicht zu einem ungetrübten Mutter-Kind-Verhältnis bei. Während die Mutter dann aufräumt und das Essen zubereitet, grollt sie vor sich hin und entlädt ihren Groll über der Tochter, sobald diese heimkommt. Daraufhin begibt sich die Tochter samt dem Essen schnurstracks auf ihr Zimmer und sperrt sich ein. In Ermangelung eines Gesprächspartners läßt sich die Mutter vor dem Fernseher nieder und träumt, ihr Abendbrot kauend und in die Welt des Films entschwebend, von ihrem versäumten Glück.

Die Tochter ist ein Kind der modernen Zeit: frühreif, oppositionell und gut aufgeklärt, was ihre Rechte und Vorteile betrifft. Sie absolviert die Realschule mit wechselndem, eher mäßigem Erfolg, trifft sich in ihrer Freizeit mit ihrer Clique, unternimmt Mopedfahrten, die gewöhnlich in Diskotheken enden, im Sommer auch in Freibädern oder Parks, wo Musik gehört, geraucht und geflirtet wird. Die Berufspläne des Mädchens sind vage, die Beziehung zu den Eltern wird mit „Ach *die* ..." umschrieben, und seine Lebensphilosophie ist schnell auf den Punkt gebracht: „Hauptsache, heute geht's mir gut!"

Das ist Familie „B", die eigentlich gar keine familiäre Gemeinschaft mehr ist, weil jeder seines Weges geht. Wenden wir uns jetzt Familie „A" zu, die unter schwierigeren Bedingungen lebt: mit einer alten Oma, die geistig noch rüstig, aber körperlich nicht mehr ganz auf der Höhe ist, mit einem einäugigen Mädchen, das erhebliche Schulschwierigkeiten hat, mit einem kleinen Jungen, der durch seine Lebhaftigkeit viel Aufmerksamkeit erfordert, mit einem gerade noch ausreichend verdienenden Vater und einer ziemlich gestreßten Mutter.

In dieser Familie haben sich bestimmte Gewohnheiten ausgebildet, die dazu da sind, einander zu entlasten. Die Oma hat zwei Pflichten übernommen. Vormittags hilft sie der Mutter in der Küche, indem sie ihr Tätigkeiten wie Gemüseputzen abnimmt, und am Nachmittag übt sie mit dem (auch legasthenisch) behinderten Mädchen Lesen und Schreiben. Das Mädchen hat ebenfalls eine Pflicht zu erfüllen: Es paßt auf den jüngeren Bruder auf, wenn die Mutter stundenweise zum Putzen geht, um das Haushaltsbudget ein wenig aufzubessern.

Der Junge ist ein richtiger Springinsfeld, aber auch er hat eine Aufgabe übernommen, die er begeistert wahrnimmt. Er ist Vaters Begleiter in der Freizeit. Kaum läßt sich der Vater nach der Arbeit blicken, weicht ihm der Sohn nicht mehr von der Seite. Er kriecht mit ihm unter das Auto, wenn der Vater etwas repariert, was oft geschieht, weil der Wagen alt ist, und er schaut sich mit dem Vater jedes Fußballmatch im Fernsehen an. Er schichtet die Holzscheite, die der Vater im Keller zersägt, und ist fasziniert, wenn zur Abwechslung eines davon verwendet wird, um einen Spielzeugkopf herauszuschnitzen. Der Vater bemüht sich offensichtlich, seinen Teil zum Haushalt beizusteuern. Er kümmert sich um die Heizung und um die Reparaturen, von denen es in der Wohnung einer mehrköpfigen Familie ständig welche gibt. Er war es auch, der vor Jahren zugestimmt hat, die Oma in die Familie aufzunehmen, was für letztere eine große Unterstützung bedeutet.

Die Mutter stellt das Zentrum der Familie dar. Sie sorgt für alle und bekommt von allen etwas zurück, sei es ein fröhliches Kinderlachen, sei es ein flüchtiger Kuß des Ehepartners mitten in der Arbeit. Familie „A" ist eine intakte und auf ihre bescheidene Art glückliche Gemeinschaft, trotz der Geldknappheit und trotz des Unfalls, den die Tochter erlitten hat.

Jedem Familienmitglied seine sinnvolle Funktion!

Aus den beiden skizzierten Familienkonstellationen soll nicht die Schlußfolgerung abgeleitet werden, daß leichte Lebensbedingungen unheilbringend und schwere Lebensbedingungen wünschenswert wären. Sie sollen lediglich beweisen, daß Freud und Leid einer Familie nicht zwingend von deren äußeren Lebensbedingungen abhängen. Es existiert ein relevanterer Faktor, der hinsichtlich des Wohlbefindens und des Zusammenhalts einer familiären Gemeinschaft die ausschlaggebende Rolle spielt.

Familie „A" und Familie „B" unterscheiden sich bei näherer Betrachtung nicht nur durch die Güte ihrer Lebensumstände; sie unterschieden sich in den *Funktionen*, die die einzelnen Familienmitglieder innehaben. In Familie „B" übt weder der Vater noch die Mutter noch die Tochter eine erkennbare Funktion für einen anderen aus. Die Eltern verdienen zwar das Geld, und die Mutter räumt auch noch auf und kocht das Essen, aber diese – fraglos wichtigen – Beiträge werden nicht in persönliche Kontakte umgemünzt, sondern einfach zur Bedürfnisbefriedigung der Familie bereitgestellt, und jeder nimmt sich davon was er möchte und geht. In Familie „A" hat hingegen jedes Familienmitglied seine klar definierte sinnvolle Aufgabe. Von der Oma angefangen bis zum kleinen Jungen steht jeder auf seinem Platz, der ihn sozusagen unentbehrlich macht für andere Familienmitglieder oder wo er zumindest eine große Lücke hinterließe, wäre er plötzlich nicht mehr da. Wie dem einäugigen Mädchen die Übungsstunden mit der Oma fehlen würden, so würde dem Vater das aufgeregte Geplapper seines kleinen Begleiters fehlen; und wie der Mutter die Aufpasserdienste ihrer Tochter fehlen würden, so würden insgesamt der Familie Vater oder Mutter schmerzlichst fehlen, und das nicht nur wegen des Ausfalls von Einkommen und Arbeitskraft.

Selbstverständlich werden sich die auszuübenden Funktionen im Laufe der Zeit und mit zunehmender Reifung der Kinder quantitativ und qualitativ verändern. Dennoch gibt es keine Familienkonstellation, in der eine sinnvolle Abstimmung des gegenseitigen Füreinander-Daseins überflüssig wäre. Nur eine Familie, in der jedes Familienmitglied – das Baby wie der Greis! – eine sinnvolle Funktion innehat, ist eine gesunde Familie. Mit dem Ausüben einer sinnvollen Funktion ist jedoch nicht nur das Geben gemeint, auch das Nehmen ist miteinbezogen. Denn um einen Platz auszufüllen, an dem man bis zu einem gewissen Grad unersetzlich ist, bedarf es beim Gegenüber der Tatsache des Gebrauchtwerdens. Hätte zum Beispiel die Oma in Familie „A" eine eigene Wohnung, wäre das Mädchen schulisch topfit und besäße die Mutter genügend Geld, um sich eine Kinderfrau leisten zu können, fielen einige der sinnvollen Funktionen innerhalb der Familie weg, weil weniger Unterstützung gebraucht würde. Es könnten statt dessen auf freiwilliger Basis andere sinnvolle Funktionen aufgenommen werden, aber es könnte auch geschehen, daß sich die Familienstruktur der von Familie „B" annähern würde.

Es ist mindestens gleich schwierig, sich auf das Wagnis einzulassen, jemand anderen zu brauchen, wie es schwierig ist, eine Aufgabe zu erfüllen, für die man selber gebraucht wird. Dennoch ergibt nur beides zusammen jenes Wechselspiel von Geben und Nehmen, das eine gut funktionierende Gemeinschaft charakterisiert. Das heißt nicht, daß man unselbständig bleiben soll, damit andere einem helfen dürfen. Es heißt vielmehr, daß jeder dort, wo er eine Schwäche hat oder irgendwie gehandikapt ist, ein Auffangen und Ausgleichen dieser Schwäche in der Familie dankbar annehmen soll, um andererseits dort, wo er selbst Stärken und Talente besitzt, seinen Dank zurückzuerstatten. Gerade kleine Kinder und behinderte Menschen können dies häufig ausgezeichnet: Sie nehmen die dargebotene Hand ohne Probleme an und locken gleichzeitig durch ihr unverbildetes Wesen ein ungeheures Maß an Liebe, Fürsorglichkeit und „Sonnigkeit" bei ihren Betreuern hervor.

Im Orchester kommt es auf jede Stimme an

Die Familie kann mit einem Orchester verglichen werden, in dem es auf jeden einzelnen Musiker ankommt und jeder seine unentbehrliche individuelle Stimme zum Gesamtklang beisteuert, trotzdem aber keiner spielen kann, was er will. Um eine harmonische Melodie zu produzieren, bedarf es eben der gegenseitigen Abstimmung der Funktionen. Sollte ein Musiker eine geringere Funktion übernehmen, also im Klanggemisch ausfallen, oder sollte er eine höhere Funktion erzwingen, also sein Instrument in den Vordergrund drängen, dann leidet die gesamte Harmonie darunter. Wir haben in Familie „B" eine Familie kennengelernt, deren drei Mitglieder zu geringe familiäre Funktionen ausüben; sie leben in übertriebener Unabhängigkeit nebeneinander her. Im Unterschied dazu gibt es Familien, in denen das eine oder andere Mitglied eine zu dominante Funktion an sich reißt, indem es alles arrangieren, bestimmen, überwachen will. Es arbeitet sich vielleicht selbst dabei auf, ohne Dank zu ernten, weil es die Funktionsfähigkeit des übrigen Familienteils einengt und dessen Abhängigkeit aufbaut. Auch das ist nicht harmonisch.

Wie sinnvoll oder nicht sinnvoll eine familiäre Funktion ist, kann am besten daran abgelesen werden, wie fröhlich die übrigen Familienmitglieder sind, wie gut sich die Kinder entwickeln und wie ausgeglichen man sich selber fühlt. Treffen diese drei Kriterien in positiver Weise zu, fällt es einem nicht schwer, die notwendigen Aufgaben zu erfüllen, auch dann nicht, wenn persönliche Wünsche zurückstehen müssen. Auf geistiger Ebene ist es sogar besser, wenn einige unserer Wünsche offen bleiben, damit anzustrebende Ziele, Hoffnungen und Visionen existieren, auf die hin unser Leben ausgerichtet werden kann. Wiederum kann das Familienleben der „Waagebalken" sein – zwischen emotionalem Hunger und emotionaler Übersättigung. Bei der geschilderten Familie „A" läßt sich dies deutlich beobachten. Kein Familienmitglied ist ohne Wünsche, aber keines leidet an seinen Entbehrungen, und in der Gesamtheit ist es der Gleichklang aller, der die Ausgeglichenheit des einzelnen trägt.

Zuletzt ein klärendes Wort, warum mich die beiden Familien aufgesucht haben. Familie „B" kam wegen einer angepeilten Internatsunterbringung der Tochter, gegen die sich das Mädchen sträubte. Ich sollte es dazu überreden, was ich nicht tat. Ich versuchte, die Eltern zu mehr Kooperation in der Familie zu überreden, was nicht gelang.

Bei Familie „A" war ebenfalls das Mädchen der Vorstellungsgrund. Ich sollte seine legasthenische Teilleistungsstörung untersuchen und ein entsprechendes Förderprogramm erstellen. Das machte ich gerne und leitete die Oma in den passenden Übungsmaterialien an. Das Mädchen wurde zwar keine Superschülerin, aber Lesen und Rechtschreiben hat es gelernt. Überdies ist es der Familie geglückt, aus der Behinderung des Kindes weder quälende Schuldgefühle noch unnatürliche Verhätschelungen, Überbesorgtheit oder gar Zukunftsängste resultieren zu lassen, sondern sie zu akzeptieren als eine Gegebenheit des Schicksals, die man nicht ändern kann, vor der man aber auch nicht zu kapitulieren braucht.

Die innere Einstellung „modulieren"

Ein 40jähriger Mann kam zu mir zur Nachbetreuung nach einer sechsmonatigen stationären Alkoholiker-Langzeit-Therapie, wobei es darum ging, der Rückfallgefahr prophylaktisch entgegenzuwirken. Sein Alkoholproblem hatte mit Unterbrechungen seit seinem 15. Lebensjahr bestanden.

Der Mann war fest entschlossen, keinen Tropfen Alkohol mehr anzurühren, aber er war sehr unsicher hinsichtlich der Gestaltung seines weiteren Lebens und litt an wiederkehrenden Phasen schwerer Deprimiertheit, die durch körperliche Restschäden (Schlafstörungen, Nervosität, Händezittern, Unruhe, Schweißausbrüche ...) aus der Zeit des Alkoholmißbrauchs verstärkt wurden. Besonders machte ihm die Tatsache zu schaffen, daß er allein war, weil er während seiner Suchtkrankheit Freunde und Bekannte verloren hatte, und daß er aus einer exzellenten beruflichen Laufbahn herauskatapultiert worden war, hinsichtlich der es schwer war, einen Neuanfang zu finden, geschweige denn einen Ersatz.

Als er wieder einmal schlechtester Stimmung war, brachte er im Gespräch zum Ausdruck, daß sein Leben keinen Sinn mehr habe. Wenn man, wie er, in der Mitte des Lebens vor dem Nichts stehe und nicht auf den geringsten Erfolg zurückblicken könne, dann gäbe es keinen

Anschluß mehr an eine „normale Existenz" und man müsse resignieren.

Logotherapeutisch gesprochen war hier eine *Einstellungsmodulation* indiziert, weshalb ich ungefähr folgendermaßen konterte: „Es stimmt, Sie sind 40 Jahre alt und alles ist für Sie ungewiß. Sie haben keine Partnerin, kaum einen Bekanntenkreis, müssen beruflich von vorne anfangen, haben sich nichts erspart und wissen nicht, wie es weitergeht. Aber vor dieser Situation sind Sie schon einmal in Ihrem Leben gestanden, damals als Sie 15, 18 oder 20 Jahre alt gewesen sind, und damals war es ganz selbstverständlich. Sämtliche jungen Menschen, die soeben erst ins Erwachsenenleben eingetreten sind, stehen am Anfang einer ungewissen Zukunft. Sie haben noch keine festen zwischenmenschlichen Bindungen, keine fundierten Anschauungen und keine klar umrissene Berufslaufbahn – und doch, welch eine Chance ist es, nirgendwo festgelegt zu sein, offen zu sein für das, was einem begegnet, noch frei zu sein für das Angebot der Stunde und jede Möglichkeit nutzen zu können, die sich einem darbietet! Wie sehr beneiden manche 40jährigen, deren Leben bereits in starren Bahnen festgefügt ist und in deren familiärem und beruflichem Alltag ein Tag dem anderen gleicht, höchstens durch ein paar Urlaubswochen aufgelockert, jene jungen Menschen am Anfang ihres Erwachsenwerdens um ihre Ungebundenheit und Flexibilität!

Sie aber haben vom Schicksal die Chance erhalten, sozusagen noch einmal ‚jung' zu sein und dort anzufangen, wo Sie den normalen Lebensweg verlassen haben und krank geworden sind; das Leben steht Ihnen offen wie einem 15- oder 20jährigen! Freilich um den Preis derselben Ungewißheit und desselben Ringens nach Reife und

Identität wie bei einem jungen Menschen, der seine Ziele auch erst definieren und schrittweise realisieren muß. Wollten Sie denn wirklich nach Ihrer körperlichen Rehabilitation einen festen Lebensweg vorgeschrieben bekommen, eine Familie, die sich auf Sie stürzt, einen Arbeitsplatz, der auf Sie wartet, eine fertig eingerichtete Wohnung, einen Hobbyklub, in dem Sie angemeldet sind, alles fix und fertig für Sie vorbereitet? Sie haben doch im Dunst des Alkohols Jahre versäumt, Jahre des Wirkens, der individuellen Sinnanreicherung Ihres Lebens – endlich können Sie dies alles nachholen! Sie stehen nicht vor dem Nichts, Sie stehen vor der ungeheuren Fülle vielfältiger Möglichkeiten, die sonst nur jungen Menschen gewährt sind oder Menschen, die einen neuen Lebensabschnitt beginnen.

Gerade die Ungewißheit Ihrer Zukunft ist Ihre geistige Beweglichkeit. Gerade das Nicht-festgefahren-Sein Ihres Alltags ist die Gelegenheit, Ihre ureigensten Ideen in die Tat umzusetzen und dadurch Ihrem Leben neue Akzente zu verleihen. Akzente, die vielleicht derart entscheidend sind, daß sie Ihre ganze tragische Vergangenheit aufwiegen, ja, rückblickend akzeptabel machen, weil es ohne sie nie zu jener Akzentsetzung gekommen wäre."

Der Mann konnte die angebotene Sichtweise annehmen und wurde aktiver. Er begann, nach konkreten sinnvollen Möglichkeiten Ausschau zu halten, und entwickelte dabei eine Menge Phantasie. Vor allem war wichtig, daß er sich seine kleinen Erfolgserlebnisse selber schuf. Denn keine von außen zugeschobenen Wiedereingliederungshilfen hätten seine Selbstsicherheit hinreichend aufgebaut, im Gegenteil: Abhängigkeit bleibt Abhängigkeit, ob vom Alkohol, ob von wohlgemeinten Hilfen. Und wer abhängig ist, muß sich fürchten, nämlich fürchten vor dem Moment, da das Medium, von dem er abhängig ist, nicht mehr verfügbar ist. So aber lernte mein Patient sukzessive, sich auf seine eigenen Kräfte zu verlassen und diese im Spiel des Lebens positiv einzusetzen.

Weg vom Fragenden und hin zum Antwortenden

Das Spiel des Lebens war allerdings alles andere als leicht für ihn, denn er geriet mit seiner Arbeitsuche in eine wirtschaftliche Flaute, die ihm zahlreiche Absagen einbrachte. Eines Tages hatte er ein gefährliches Tief; gefährlich deshalb, weil es ihn zum Hader mit dem Schicksal verleitete. Drängende, beschwerende Fragen an das Schicksal jedoch verhallen stets ungehört und bringen kein tröstliches Echo zurück. Sie führen zu keinem befriedigenden Ergebnis, sondern ziehen den Betreffenden in einen ungesunden Strudel des Selbstmitleides hinab. Es ist daher therapeutisch unumgänglich, solche Klagen an das Schicksal aufzufangen und – wiederum in Form von *Einstellungsmodulationen* – um Verständnis dafür zu werben, daß es eher das Schicksal ist, das uns Menschen Fragen zur Beantwortung aufgibt, indem es uns eben mit schicksalhaften Situationen konfrontiert, auf die wir mit passenden Reaktionen antworten müssen. Viktor E. Frankl sprach von einer „kopernikanischen Wende", die es zu vollziehen gilt: weg vom Fragenden und hin zum Antwortenden!

Die revoltierende Frage des Patienten lautete kurzgefaßt: „Wieso ist das Schicksal so ungerecht und hat mir viele wunderbare Gaben beschert, als ich noch getrunken und überhaupt nichts Positives aus einem Leben gemacht habe, während es mir jetzt das Glück versagt, jetzt, da ich mich tapfer bemühe, durchzuhalten und ein ordentliches und abstinentes Leben zu führen? Will es mich für meinen hart eroberten Widerstand gegen die Sucht bestrafen?"

Hier meine „einstellungsmodulierende" Argumentation, die ich dem Patienten damals brieflich – aus meinem Urlaubsort, wo er mich in seiner Not angerufen hatte – übermittelte: „Kleine Kinder empfinden Erziehungsmaßnahmen ihrer Eltern oft als ungerecht, weil sie sie nicht verstehen bzw. nicht verstehen, daß sie zu ihrem Wohl geschehen. Ähnlich ergeht es uns Menschen gegenüber den „Maßnahmen des Schicksals": Auch wir empfinden als ungerecht, was wir nicht verstehen. Wir können der Vorsehung nicht in die Karten gucken. Wir können nur eines tun: aufgeschlossen bleiben für verschiedene Interpretationen, ohne uns auf eine einzige, negative, zu versteifen.

Ich wüßte zum Beispiel für die von Ihnen beklagte Sachlage eine andere Interpretation. In der langen Zeit, in der Sie getrunken haben, waren Sie zweifellos nicht in der Lage, ernste Schwierigkeiten zu meistern. Sie wären an massiven Belastungen wie finanziellen Sorgen oder anhaltender Arbeitslosigkeit zu Grunde gegangen. Deshalb, so ließe sich vermuten, hat das Schicksal gravierende Probleme Ihres Lebens bis zu jener Zeit verschoben und aufgespart, da Sie *fähig* sein würden, sie zu lösen. Denn was Sie früher an erfreulicher Karriere und finanziellem Rückhalt besaßen, war ‚unverdientes' Glück, eine Art ‚Vorauskredit' – geschenkt, damit Sie nicht zusammenbrechen oder verhungern, bevor Sie die nötige Reife erlangen würden, um aus eigenen Kräften zu schöpfen. Nun aber scheint der Moment gekommen zu sein, da Sie kein Geschenk des Schicksals mehr brauchen, da Sie ‚für würdig erachtet werden', den Daseinskampf in Eigenregie zu führen. Vielleicht ist dies, vermenschlicht ausgedrückt, ein ‚großes Lob des Schicksals', das Ihnen mittlerweile zutraut, sogar harte Prüfungen zu bestehen.

Natürlich ist auch das nur eine Deutung, aber eine, bei der die Dankbarkeit dafür, daß Ihre Probleme *jetzt* und nicht um Jahre früher auftauchten, *jetzt*, da Sie ihnen mit erhöhter Wahrscheinlichkeit gewachsen sind, Vorrang hat vor jedem fruchtlosen Hader. Aus einer solchen Dankbarkeit heraus werden Sie die richtige Antwort auf die ‚Prüfungsfragen' des Schicksals finden, davon bin ich überzeugt!"

In der Tat hat der Mann schließlich die richtigen Antworten gefunden, hat seine „Prüfung" mit „Note 1" bestanden. Solange er keine feste Anstellung bekam, nahm er einen Aushilfsjob an, der nicht einfach auszuführen war und ihn aufs äußerste forderte. Dies brachte ihm den inneren Triumph ein, auf seine Leistungen stolz sein zu können. Später begann er, sich intensiv fortzubilden und schulte damit automatisch sein Gedächtnis, das in der Zeit seiner Krankheit stark nachgelassen hatte. Ca. ein Jahr darauf eröffnete sich ihm die Chance, eine Verwaltungstätigkeit aufzunehmen, die zwar nicht seinen Traumvorstellungen entsprach, aber als Sprungbrett für einen berufliche Neustart dienen konnte.

Keine Angst vor Alltagsfrust!

Ein letztes Mal kam es zu einem Krisenmoment im Leben des Patienten. Er zögerte, die Chance des Arbeitsstellenangebots aufzugreifen, weil ihm eine häufig gehörte Warnung des Leiters einer Nachbetreuungsgruppe für Suchtkranke im Ohr klang. Eine Warnung, die darauf hinauslief, sich ja nichts Unangenehmes aufzuladen, weil Frustrationen stets einen Rückfall in den Alkohol provozieren würden.

Dagegen mußte ich energisch protestieren. Psychisch labile Personen sollen weder vor Frustrationen geschützt werden noch darf ihnen eingeredet werden, Frustrationen müßten unausweichlich zu Krankheitssymptomen führen. Menschliches Werden und Wachsen spielt sich nicht im Sonnenschein allein ab; jeder sitzt gelegentlich im finsteren Schatten. Sehnsüchte bleiben unerfüllt. Doch deswegen darf man nicht umkippen und sofort an Rückfälle in kindliche Stadien oder in überwundene Verhaltensmuster denken, wo käme man da hin? Frustrationen sind mutig auszuhalten, und gerade dieses Aushalten trägt längerfristig zur Konsolidierung der inneren Stabilität bei; es ist ein wesentlicher Sicherheitsfaktor in jedem Genesungsprozeß.

Auch für den beschriebenen Patienten wäre nichts gefährlicher gewesen, als tatenlos zu Hause herumzusitzen und am Ende über das vergangene Leben in Trunksucht nachzugrübeln. Er brauchte schon um der Erstarkung seines Selbstwertgefühls willen das Bewußtsein, sich von seiner eigenen Arbeit Verdienst ernähren zu können und folglich auf eigenen Füßen zu stehen. Außerdem brauchte er künftige Ziele, die ihm erstrebenswert schienen, und Energien, die es ihm erlaubten, sich diesen Zielen anzunähern, und beides war mit der Arbeitsaufnahme gegeben: das Ziel, eines Tages über die Routinearbeit hinauszugelangen, und das Erwachen der Energien im Sich-Messen an der täglichen Bewährung. Wer lange Zeit untätig gewesen ist, ist kaum noch in der Lage, einen Acht-Stunden-Tag gut hinter sich zu bringen – wer jedoch bereits eine ungeliebte Tätigkeit mit Bravour bewältigt hat, schafft eine geliebte erst recht.

Deswegen erklärte ich dem Mann, daß er sich vor Frustrationen nicht fürchten dürfe, denn sie seien keineswegs eine Verlockung zur Krankheit, sondern vielmehr ein Training für seine seelische Gesundheit. Als ein solches Training möge er insgesamt das finanziell bescheidene und auch sonst wenig attraktive Arbeitsangebot ansehen. Was er dadurch gewinne, sei nicht in Geld oder Prestige ummünzbar, es seien die Bahnen, auf denen seine komplette Wiederherstellung Stück für Stück vorankommen werde.

Seitdem sind Jahre vergangen. Der Patient hat nach einer erfolgreichen Probezeit in eine interessantere Abteilung überwechseln können und ist „trocken" geblieben. Seine Einstellungen zum Leben sind positiver geworden, seine Frustrationstoleranz ist gefestigt, seine körperlichen Restschäden sind weitgehend zurückgegangen, sein Denken und Fühlen ist zukunftsgerichtet. Er hat geheiratet und einen neuen Freundeskreis gefunden. Ich konnte ihn mit bester Prognose in die Selbstverantwortung entlassen.

Der Mensch vermag seinen Schicksalsdeterminanten zu trotzen, er muß sich (wie V. E. Frankl zu seinen eigenen Patienten zu sagen pflegte) „von sich selbst nicht alles gefallen lassen", er kann geistige Kräfte mobilisieren, die seinen psychischen Schwächen überlegen sind.

Der Selbstmord: ein Nein auf die Sinnfrage

Die Tochter ist mit einem kroatischen Flüchtling durchgebrannt, der Sohn will von der Firma (Vaters Lebenswerk) nichts wissen, die Ehe ist längst ausgeleiert, der Ehemann ist zu einer Geliebten gezogen, das jüngste Kind muß die Sonderschule besuchen, das älteste hat einen Kaufhausdiebstahl begangen, die Mutter hat einen hysterischen Zusammenbruch bekommen ..., alles Dinge, wie sie sprechstündlich in der therapeutischen Praxis schluchzend berichtet werden. Da reichen die traditionell tiefschürfenden oder non-direktiven Methoden nicht aus, da müssen wir instantan Rat, Trost, Orientierung bieten und Perspektiven einblenden, die einem humanen und ethisch respektablen Menschenbild entspringen wie dem der Logotherapie.

Wenn Albert Görres, der ehemalige Leiter des Psychotherapie-Instituts der Technischen Universität München und einer der markantesten Vertreter der Tiefenpsychologie, in seinem Buch „Kennt die Psychologie den Menschen?" folgenden Satz niederschrieb: „Ich muß zugeben, daß ich mit wachsender Erfahrung dem, was Viktor E. Frankl das „existentielle Vakuum" nennt, dem Mangel an Lebenssinn, der existentiellen Frustration des veruntreuten Himmels, den kognitiven Dissonanzen im Selbstverständnis und Daseinsverständnis, daß ich also alledem als Unruheherd, Streßfaktor und damit als möglicher Ursache von Krankheiten und Fehlentwicklungen weit mehr Raum zugestehen muß, als etwa in meinem Buch ‚An den Grenzen der Psychoanalyse', das doch auch solchen Fragen gewidmet ist, sichtbar wird", dann war dies die Quintessenz eines langen Erkenntnisprozesses im Dienste der Psychotherapie. Auch Wolfgang Kretschmer, Sohn des durch seine Charakterstudien berühmt gewordenen Ernst Kretschmer und em. Professor für Psychiatrie an der Universität Tübingen, gebrauchte ähnliche Worte.

Die Zeiten haben sich seit Sigmund Freud geändert. Die heutigen Generationen leiden nicht mehr hauptsächlich an unterdrückter Sexualität oder Aggressivität. Dafür kennen sie andere Nöte. Lebensfreude und Lebensbejahung stehen zur Diskussion. Letztbegründungen für verantwortliches Handeln sind nicht aus dem Konsum zu holen. Ist unsere mühsame Reise durch die irdischen Stationen für etwas gut? Gibt es irgendein „mehr als alles" ...? Viele suchen und wenige haben das Gesuchte.

Die „Hamburger Neurotizismus- und Extraversionsskala für Kinder und Jugendliche" (HANES KJ I und II) von Buggle und Baumgärtel enthält u. a. die Testfrage: „Hast du manchmal das Gefühl, es lohne sich nicht zu leben?" Nicht selten kreuzen junge Menschen bei dieser Frage das Kästchen „ja" an – Spiegelbild einer depressiven Zeitströmung? Neuerdings werden offizielle Sterbehäuser für Selbstmordwillige gefordert – wird der Tod begehrenswert? Immerhin löscht er alle Leiden aus, körperliche wie seelische. Er läßt den stärksten Kummer gleichgültig werden, erspart den größten Schmerz. Das entscheidende Argument gegen den Selbstmord kann nie eines gegen den Tod, es muß stets eines *für* das Leben sein. Aber was spricht für das Leben und Weiterleben?

Nun, wäre es bloß der Selbsterhaltungstrieb, der den Lebewesen eingepflanzt ist, könnte seine Wucht vom Menschen spielend ausgetrickst werden. Ist doch der Mensch „jenes Wesen, das sich je auch schon frei macht von dem, wodurch es bestimmt ist" (Frankl), das Wesen, das keinerlei Instinktdiktat unterliegt. Doch die Motive des menschlichen Geistes unterscheiden sich von denen der Psyche. Geist interessiert sich nicht für Triebbefriedigung, Geist braucht Sinn. Geist weiß sich gerufen, angesprochen, vom Leben eingeladen, etwas Edles zu bewirken, und koste es höchste Selbstüberwindung. Wer diesen Ruf hört, will ihn erfüllen. Wer Sinn spürt, will leben – bedingungslos! Der Selbstmord ist nur denkbar und vollziehbar unter akustischer Ausblendung des Sinnzuspruchs, der an jeden Menschen jederzeit adressiert ist, wenn er auch nicht immer er-hört wird. Wobei „jederzeit" die unerquicklichste Lage miteinschließt, in die jemand geraten sein kann, denn: Niemals wird der Freitod um eines verlorenen Glückes willen in Betracht gezogen, solange das Weiterleben wegen eines zu erfüllenden Sinnes für notwendig erachtet wird.

Zwei Faktoren effizienter Streßvorsorge

Der Experimentalpsychologe und Verhaltensforscher A. Lazarus hat festgestellt, daß physiologische Körperveränderungen (z.B. eine Pulsfrequenzsteigerung) bei der Streßverarbeitung nicht unmittelbar von den psychosozialen Streßfaktoren (z.B. dem Zornausbruch eines Vorgesetzten) abhängen, sondern mit zwei „Zwischenfaktoren" verknüpft sind:

1) damit, wie jemand seine Situation – bzw. ihre Bedrohlichkeit – subjektiv einschätzt, und
2) damit, welche Möglichkeiten jemand hat, mit dieser Situation – bzw. der Belastung durch sie – fertig zu werden.

Beides sind Mechanismen, die an gewisse Fähigkeiten der Person gebunden sind und weniger an den Streß-Charakter der gegebenen Umstände. Ein Beispiel soll dies erläutern.

Nehmen wir an, ein Teich ist im Winter zugefroren, doch seine Eisdecke ist noch dünn. Sollte sich ein Kind dessen ungeachtet mit Schlittschuhen auf das Eis wagen, ist seine subjektive Situationseinschätzung getrübt. Eine echte Bedrohung wird nicht wahrgenommen. Ist das Eis des Teiches hingegen seit Wochen tragfähig und tummeln sich viele Kinder darauf, bleibt aber ein Kind am Ufer zurück, weil es sich aus Angst nicht auf die Eisfläche wagt, handelt es sich ebenfalls um eine gestörte subjektive Situationseinschätzung. In diesem Fall wird eine unechte Bedrohung wahrgenommen.

Stellen wir uns nun vor, das Eis bricht tatsächlich, und ein Kind fällt in den Teich. Dann geht es nicht mehr um die subjektive Einschätzung der Situation, sondern darum, ob das Kind sich herausziehen oder wenigstens über Wasser halten kann, bis Rettung kommt. Was jetzt entscheidet, ist die Spannweite der Möglichkeiten, mit einer Belastung oder Bedrohung fertig zu werden, etwa, ob das Kind körperlich kräftig und widerstandsfähig ist, ob es die Nerven behält und ob es schwimmen kann.

Ähnlich ist es auch hinsichtlich unserer Lebenskrisen. Vor dem Eintritt eines (kritischen) Ereignisses hängt unsere körperlich-seelische Verfassung von unserer subjektiven Situationseinschätzung ab; nach dem Eintritt des Ereignisses steht sie in Zusammenhang damit, wie wir darauf reagieren wollen und können. Jede effiziente Streßvorsorge muß daher beide Faktoren berücksichtigen und sich sowohl in Richtung „Verbesserung getrübter subjektiver Situationseinschätzungen" als auch in Richtung „Erwerb von Taktiken, mit Belastungen umzugehen" bewegen. Dazu hat die Logotherapie Viktor E. Frankls einige Hilfen anzubieten.

Kehren wir zum Beispiel mit den schlittschuhlaufenden Kindern zurück und verbleiben wir zunächst beim ersten Faktor, der subjektiven Situationseinschätzung. Das Kind, das sich auf die dünne und gefährliche Eisdecke hinauswagt, schätzt die Situation wahrscheinlich deswegen falsch ein, weil ihm hinreichendes Wissen und ausreichende Warnungen fehlen. Vielleicht ist es auch leichtsinnig und gedankenlos, wie Kinder manchmal sind. Sich nicht genügend zu informieren oder gedankenlos zu sein, würde in der Erwachsenenwelt bedeuten, die geistige Kontrolle über das eigene Verhalten gelockert zu haben und emotionalen Gelüsten zu folgen.

Bei der Umkehrung des Beispiels ist es anders und doch äquivalent problematisch: ein Kind betritt das Eis nicht, obwohl dieses dick gefroren und ungefährlich ist. Hier überwiegt ein emotionales Angstgefühl, eine Unsicherheit wider besseres Wissen, es könnte Schlimmes passieren. Die vernünftige Einsicht wird von den Wellen der Psyche überspült. Selbstverständlich wird man von Kindern nicht verlangen, daß ihre geistigen Kräfte ausgereift genug seien, um sie steuern zu können. Aber auch in der Erwachsenenwelt kennen wir die Konflikte zwischen Lust und Sinn, Angst und Vertrauen.

Was beiträgt, sie positiv zu lösen und die geistige Kontrolle zu bewahren, ist die Fähigkeit des Menschen, von sich selbst abzusehen und sich mit etwas anderem zu befassen als mit dem jeweils eigenen emotionalen Zustand, kurz, die von Viktor E. Frankl entdeckte und beschriebene

Fähigkeit zur Selbsttranszendenz. In ihr liegt das Wesen der menschlichen Existenz, die eine „weltoffene" ist. Ein ängstliches Kind, das trotz seiner Furcht auf die feste Eisfläche steigt, weil es dort seine Freunde begrüßen möchte, handelt selbsttranszendent – und genauso handelt ein Kind, das auf das Schlittschuhlaufen auf trügerischem Eis verzichtet, weil es seinen Eltern keine Sorgen bereiten will.

Lebens-Grund und Situationseinschätzung

Wie sehr die Fähigkeit, über das eigene Ich hinauszudenken und hinauszuagieren, eine bergende Lebensgrundlage des Menschen darstellt, zeigt uns ein ernsteres Beispiel. Müssen einem Schwerverletzten nach einem Verkehrsunfall beide Beine amputiert werden, wird es in erster Linie darauf ankommen, ob er um etwas oder um jemanden weiß, für das oder für den ihm ein Weiterleben auch als Rollstuhlfahrer noch sinnvoll erscheint. Kann sich der Patient innerlich sagen: „Mir graut vor einem Behindertendasein, aber ich will es meiner Frau und meinen Kindern nicht antun, schlapp zu machen und werde mich daher bemühen, mein Schicksal zu meistern", ist dies selbsttranszendent gedacht, und diese Sichtweise wird ihn vor der absoluten Verzweiflung bewahren. Kennt der Schwerverletzte jedoch nur seine eigene Mut- und Hilflosigkeit und nimmt nichts um sich herum wahr, das über seine Probleme hinaus von Bedeutung wäre, ist eine Erstarrung in permanenter Lebensverneinung vorprogrammiert. Lernen wir daraus, daß die subjektive Einschätzung einer bestimmten Situation – also der erste „Zwischenfaktor" im Streßverarbeitungsmodell von A. Lazarus – umso labiler und pathogener ist, als sie an die Belange des eigenen Ichs gekettet ist und daß sie umso flexibler und für Lösungsmöglichkeiten sensibler wird, je mehr Selbsttranszendenz in sie einfließt.

Daß die geistige Fähigkeit des Menschen zur Selbsttranszendenz nicht nur Kranken hilft, ihre Krankheit zu ertragen, sondern auch Gesunden hilft, gesund zu bleiben, beweisen indirekt zahlreiche Studien. Zwei davon seien herausgegriffen:

1) Der Heidelberger Medizin-Soziologe und Krebsforscher Ronald Grossarth-Maticek hat bereits in den 80er Jahren durch langjährige Beobachtungen ermittelt, daß düstere subjektive Situationseinschätzungen Entstehung und Verlauf von Krebserkrankungen mitbeeinflussen. Anhaltende Perioden von Hoffnungslosigkeit und Niedergeschlagenheit verschlechtern den Verlauf von Krebserkrankungen signifikant.
2) Der amerikanische Forscher Lewis Thomas und der US-Psychologe Robert Meister haben etwa zur selben Zeit festgestellt, daß eine überzogene Beschäftigung mit dem eigenen Körper sogar gesunde Leute krank macht. Zum Beispiel läßt die Angst vor einem Herzinfarkt das vegetative Nervensystem „verrückt spielen". Beide Wissenschaftler sprachen vom „eingebildeten Kranken des 20. Jahrhunderts", der mit seiner fast hypochondrisch zu nennenden Egozentrierung viele körperliche Beschwerden produziere, die niemals auftreten würden, würde er sich nicht ständig daraufhin beobachten.

Eine Verminderung von Niedergeschlagenheit und ungesunder Selbstbeobachtung, wie sie beiden Studien gemäß präventiv bedeutsam ist, setzt aber voraus, daß die Aufmerksamkeit auf etwas anderes als auf das eigene Wohlbefinden gerichtet wird. Daß der Mensch eben in einem selbsttranszendenten Akt über sich selbst hinausgelangt und geliebte Mitmenschen, selbstgesteckte Ziele, bejahte Aufgaben ins Visier bekommt – sozusagen einen „Lebens-Grund". Wer einen Grund zum Leben hat, dessen Situationseinschätzung hellt sich wieder auf, denn er spürt zutiefst, daß es richtig und wichtig ist, daß es ihn gibt, wie schwierig sich sein Dasein auch gestalten mag, und daß es immer noch lohnt, sich für die Welt einzusetzen, in der man lebt. Darauf baut im Prinzip die schon erwähnte logotherapeutische Methode der Dereflexion auf, zu der ich nachstehend zwei weitere Beispiele bringen möchte; eines, bei dem der Zufall Pate gestanden hat, und eines, bei dem ich selbst ein wenig nachgeholfen habe.

Wann ist der Mensch „bei sich"?

Das Beispiel mit dem Zufall ist deswegen faszinierend, weil es beweist, wie nahe manchmal die Wende zur Gesundung liegt, wenn wir nur bereit sind, in unserer komplizierten Welt das Naheliegende noch zuzulassen.

Es handelte sich um einen 35jährigen Mann, der einen Fortbildungskurs besuchte und dabei öfters bemerkte, daß sich seine Hände beim Schreiben verkrampften. Das Problem trat speziell dann auf, wenn der Vortragende des Kurses ihm geradewegs auf die Finger sah, was häufig geschah, weil der Mann in der ersten Reihe vor dem Dozentenpult saß. Er wollte sich gerne in eine rückwärtige Reihe setzen, aber dazu hätte er mit einem Kollegen tauschen müssen, und es wäre ihm peinlich gewesen, seinen diesbezüglichen Wunsch vorzutragen.

Je mehr er sich selbst beim Schreiben beobachtete und je mehr er fürchtete, die Schreibhemmung könnte erneut auftreten, desto häufiger hatte er Schwierigkeiten damit, und schließlich suchte er mich auf, um Hilfe zu erbitten. Ich legte dem Patienten dar, daß nichts anderes als seine Angst vor der Schreibhemmung dieselbige fördere, weil Angst zu einer erhöhten Muskelspannung führt, was jedwede Verkrampfung begünstigt. Er solle daher beim Schreiben an alles Beliebige denken, bloß nicht an seine Beschwerden, und sich möglichst auf den Inhalt des Geschriebenen konzentrieren, egal, wie er es zu Papier bringe. Wir machten ein paar Übungen dazu (die ich an späterer Stelle erläutern werde), und er versprach, meine Empfehlungen bis zum nächsten Gespräch auszuprobieren.

Danach meldete er sich lange Zeit nicht, und ich dachte, er habe unsere Abmachung vergessen. Doch eines Tages rief er an. „Meine Frau und ich hatten schreckliche Sorgen in den letzten Wochen", stöhnte er. „Bei unserem Sohn ist plötzlich festgestellt worden, daß sein Blutbild nicht in Ordnung ist und Verdacht auf Leukämie besteht. Er mußte durch eine Vielzahl von Untersuchungen hindurch, bis die Ärzte endlich herausfanden, daß es sich um eine harmlose Störung handelt, die medikamentös behebbar ist. Mein Gott, sind wir froh!" Das konnte ich ihm gut nachfühlen.

Bevor wir das Telefonat beendeten, fragte ich den Mann, wie es ihm beim Schreiben gehe. „Ach", lachte er ganz verlegen, „im Trubel um unseren Sohn habe ich an dieses Miniproblem überhaupt nicht mehr gedacht. Als es mir wieder einfiel, war es verschwunden. Ich kann heute mit meiner Schreibhand gar nicht mehr krampfen, selbst wenn ich es absichtlich versuche ..." Das war eine „Dereflexion per Zufall" gewesen, keine sehr angenehme, aber eine sehr wirksame. Beweis für die Gültigkeit der uralten Weisheit, die Viktor E. Frankl in die klugen Worte gefaßt hat:

Es ist nicht die Aufgabe des Geistes, sich selbst zu beobachten und sich selbst zu bespiegeln. Zum Wesen des Menschen gehört das Hingeordnet- und Ausgerichtetsein, sei es auf etwas, sei es auf jemand, sei es auf ein Werk oder auf einen Menschen, auf eine Idee oder auf eine Person. Nur in dem Maße, in dem wir solcherart intentional sind, sind wir existentiell; nur in dem Maße, in dem der Mensch geistig bei etwas oder bei jemandem ist – nur im Maße solchen Beiseins ist der Mensch bei sich.

Minderwertigkeitskomplexe – was tun?

Eine junge Frau, Mutter eines achtjährigen Buben, kam zu mir wegen eines Minderwertigkeitskomplexes. Sie hatte diese Diagnose bei sich selbst gestellt, weil angeblich alle typischen Merkmale dafür auf sie zutrafen. Sie hatte viel darüber gelesen. Ihre Mutter war eine dominante Frau gewesen und hatte ihr gelegentlich vorgeredet, wie dumm sie sei, insbesondere, nachdem sie den gewünschten Schulabschluß nicht geschafft hatte, weil sie lieber gezeichnet und gemalt hatte, anstatt zu lernen. Später hatte ihr Ehemann in dieselbe Kerbe geschlagen und sie „nur" als Hausmütterchen betrachtet, dem man die schmutzige Wäsche hinwerfen kann, während man mit seinen Freunden kegeln geht. Inzwischen hatte sich sogar ihr kleiner Sohn angewöhnt, sie seine Spielsachen aufräumen zu lassen, während er vergnügt Tonkassetten hörte. Daraus schloß die junge Frau, daß sie unfähig sei, ihre eigenen Interessen durchzusetzen und daß sie bei jeder fremden Anforderung einknicke, weil sie keine Kraft in sich spüre, ihre Rechte zu verteidigen und ihre authentische Meinung zu vertreten. Zeitweise, gestand sie, sei sie aber auch äußerst aggressiv, brülle Familienmitglieder an und weine sich die Augen aus, ohne zu wissen warum: einfach, weil sie unglücklich war. Deshalb hatte ihr Mann mehrmals gedroht, sie in eine Nervenklinik „abzuschieben".

Eine Lebenskonstellation wie die geschilderte ist zwar nicht akut gefährdend, doch können wir daraus ablesen, daß sowohl die Selbsteinschätzung der Patientin als auch ihre Einschätzung der Außenwelt negativ getönt waren. Wir können überdies feststellen, daß sie sich und ihre Stimmungen zentral im „selbstmitleidigen" Blickfeld hatte, ihre Fähigkeit zur Selbsttranszendenz dementsprechend dürftig entwickelt war. Schließlich ist anzunehmen, daß eine gewisse Unzufriedenheit mit dem Leben vorlag, die aus einer Sinnarmut stammte, denn tatsächlich war die Frau mit der Hausarbeit wenig ausgefüllt, hatte in ihrem Mann keinen anregenden Partner und wurde von dem aufgeweckten Kind sukzessive weniger gebraucht. Als sie noch zusätzlich psychologische Literatur las, die sie verunsicherte, begannen ihre (echten oder eingebildeten) „Komplexe" zu wuchern.

Mir mißfiel es, auf die Theorie vom Minderwertigkeitskomplex einzugehen und etwa nachzuforschen, wie das geringe Durchsetzungsvermögen der Patientin ursprünglich entstanden ist. Neurotisch-seelische Störungen geraten schnell in den Aufwind, wenn man ihnen reichlich Beachtung schenkt, und was am Anfang eingebildet ist, gewinnt bei der Beschäftigung damit an Wirklichkeitsgrad. Entscheidend ist, ob sich jemand mit einem Minderwertigkeitskomplex beladen *fühlt* oder nicht, wichtig ist, wie er sich selbst einschätzt. Ich legte daher meinen Finger an die einzige Stelle im gesamten Bericht der Frau, an welcher ein dereflektorischer Ansatz angeklungen war, und zwar an die Stelle ihrer Erzählung, derzufolge sie als junges Mädchen das freie Zeichnen und Malen dem Lernen vorgezogen hatte. Hier war einen Moment lang etwas aufgeleuchtet, das sie positiv bewertet hatte, etwas Freude-Bereitendes, Selbsttranszendentes. „Sagen Sie, zeichnen und malen Sie heute noch gerne ...?" fragte ich sie.

Schade, daß ich diese Szene nicht auf einem Videoband festgehalten habe, denn das Gesicht der jungen Frau hätte besser als alle Worte demonstriert, was Dereflexion bedeutet. Solange mir die Frau ihren Kummer geklagt hatte, waren ihre Gesichtszüge überschattet gewesen, und ihre Hände hatten nervös an einem Kleiderzipfel gedreht. Bei meiner unerwarteten Frage aber begannen ihre Augen zu glänzen, und ihre Hände wurden ruhig. Sie bejahte, und bald waren wir in eine heftige Diskussion darüber vertieft, was sie mit ihrem graphisch-schöpferischen Talent anfangen könnte. Ich machte Vorschläge, sie machte Vorschläge, wir redeten über Batiken, Dekorfarben, Porzellanmalerei und „weiß Gott was alles", nur nicht über Minderwertigkeitskomplexe. Bei ihrer Verabschiedung trug sie einen Sack voller Ideen mit nach Hause und noch dazu den Ratschlag, ihren Sohn künftig seine Spielsachen selber aufräumen zu lassen und in dieser Zeit lieber Utensilien für eine gemeinsame Malstunde zusammenzusuchen oder die Wäsche ruhig einmal warten zu lassen und mit dem Ehemann gemeinsam auszugehen, um neue Eindrücke zu sammeln, die sich wiederum in schöpferischen Freizeitkompositionen niederschlagen könnten.

Ein halbes Jahr später leitete die junge Frau im Münchener Gesundheitspark einen Malkurs für Laien und war vollauf beschäftigt mit den Vorbereitungen dazu, so daß sie kaum mehr Zeit hatte, über ihren Seelenzustand nachzugrübeln, was ihr richtig gut tat. Ihr Selbstbewußtsein hatte sich erholt. Ein psychotherapeutischer „Frontalangriff" auf ihre einstigen Symptome hingegen hätte diese im Brennpunkt ihrer Aufmerksamkeit und damit lebendig erhalten.

Ein hilfreiches Rezept

Ich habe dargelegt, daß sich eine falsche bzw. ins Negative verzerrte subjektive Situationseinschätzung nicht nur über Informationszuwachs, sondern auch über Impulse zur Stärkung der Selbsttranszendenz korrigieren und positivieren läßt. Ziehen wir ein letztes Mal unser Gleichnis von den schlittschuhlaufenden Kindern heran und widmen wir uns jetzt dem zweiten „Zwischenfaktor" im Streßverarbeitungsmodell von A. Lazarus. Welche Bewältigungsmöglichkeiten stehen jemandem in einer Belastungssituation zur Verfügung? Angenommen, ein Kind ist im Eis eingebrochen und muß versuchen, sich herauszuziehen oder sich wenigstens über Wasser zu halten, bis Rettung kommt. Was hilft ihm? Sicher nicht die Gewißheit, unterzugehen. Sicher nicht der Horror vor dem Tod. Auch nicht ein grimmiges Hadern mit dem Schicksal, das ihm übel mitgespielt hat. Resignation, Furcht und ohnmächtiger Zorn sind keine Stützen, wenn es um das Überleben geht. Das Kind braucht seine Energien für die körperlichen Anstrengungen und darf nicht Energien für seelische Panikausbrüche verschwenden. Ähnliches sehen wir bei Kranken, die ihre gesamten Kräfte für die körperliche Regeneration benötigen und nicht zusätzlich durch ein seelisches Tief behindert sein sollen. Was kann also die psychische Verfassung in einer akuten Notsituation stabil erhalten?

Das Rezept ist einfach; schwierig ist nur, seine „Zutaten" zu beschaffen: nämlich eine große Portion Vertrauen und eine kleine Portion Humor. Wenn sich das Kind innerlich denken kann: „Na, das ist eine einmalige Gelegenheit zu beweisen, wie gut ich schwimmen kann! Außerdem war ein Bad sowieso längst überfällig, obwohl ich es mir ein wenig wärmer gewünscht hätte ...", wird ihm das eher helfen, über Wasser zu bleiben und zu überleben.

Ein mir bekannter Arzt, der zwei Herzinfarkte knapp überstanden hatte, was entsprechend traumatisierend war, und der zudem unter Herzrhythmusstörungen litt, verriet mir einst seinen „Trick", mit dem er es vermied, sich bei spürbaren Herzschlagveränderungen in eine Panik hineinzusteigern, die den nächsten Infarkt sogar hätte auslösen können. Er sagte in solchen Augenblicken zu seinem Herzen: „Mein Schatz, du darfst dich gerne austoben! Ich erlaube dir jedwede Extratour, aber bitte sei so nett und erinnere dich bei Zeiten daran, wieder deine Arbeit aufzunehmen!"

Obwohl solche Methoden simpel erscheinen, helfen sie doch, sobald der geringste Schimmer eines Lächelns durch die Sinne des Betreffenden huscht. Es ist die der menschlichen Fähigkeit zur Selbsttranszendenz verwandte *Fähigkeit zur Selbstdistanzierung* (Frankl), die es ermöglicht, sich einer verqueren Sachlage just mit einem heroischen Späßchen zu stellen, anstatt sich ihr „kommentarlos" unterzuordnen. Vor allem bei Ängsten, die überflüssig sind, weil keine realistische Gefahr droht – wie es im Beispiel mit der eingebrochenen Eisdecke ja keineswegs der Fall ist, vielmehr bei dem Kind, das verschüchtert am Ufer kauert, während die anderen Kinder getrost schlittschuhlaufen –, ist neben dem Vertrauen der Humor das beste Therapeutikum. Darauf baut im Prinzip die logotherapeutische Methode der *Paradoxen Intention* auf.

Die praktische Anwendung dieses Rezepts

Zu ihrer Veranschaulichung möchte ich, wie angekündigt, von den Übungen berichten, die ich mit meinem „Schreibkrampf-Patienten" durchgeführt habe, und die bereits erste Erfolge gezeitigt hatten, als er mittels „Dereflexion per Zufall" schlagartig gesundete. Ich gab ihm Papier und Bleistift und forderte ihn auf, unter meinen gestrengen Blicken einen Text mit der festen Absicht zu schreiben, bei jedem vierten Wort zu krampfen. Er sollte höchst sorgfältig mitzählen, um ja kein Viertwort irrtümlich krampffrei niederzulegen. Er sollte sich demnach ausgerechnet dasjenige vornehmen und innerlich herbeiwünschen, was er bislang gefürchtet hatte: die Schreibhemmung. Der Mann reagierte auf diese Instruktion mit Skepsis. Es kam ihm widersinnig vor, absichtlich krampfen zu wollen, doch ich redete ihm zu, meinen Vorschlag unbeirrt auszuprobieren.

Als er fünf Worte komplikationslos zu Papier gebracht hatte, erinnerte ich ihn sanft daran, daß bereits ein Schreibkrampf fällig gewesen wäre. Nach weiteren fünf problemlos geschriebenen Worten schüttelte ich unwillig den Kopf und insistierte, daß er meine Anweisung beachten solle. Doch während der ganzen Textniederschrift krampfte seine Schreibhand kein einziges Mal. Nach Beendigung der Übung schaute er mich überrascht an und murmelte, er verstehe nicht, wieso er so flüssig zu schreiben vermocht hatte. Das Rätsel war schnell geklärt. Allein seine überproportionale Angst vor dem Symptom hatte das Symptom ausgelöst, und ohne Angst gab es eben auch kein Symptom. Angst aber konnte er in dem Fall, daß er einen Schreibkrampf absichtlich herbeiführen wollte, nicht gut haben, denn Furcht und Wunsch heben sich in ihrer Unvereinbarkeit gegenseitig auf. „Die Furcht verwirklicht, was sie fürchtet. Nicht anders jedoch als die Furcht verwirklicht, wovor sie sich fürchtet, verunmöglicht der forcierte Wunsch, was er intendiert", begründete Viktor E. Frankl dieses seltsame Phänomen. Je häufiger es jemandem gelingt, aus einer gesunden Selbstdistanz heraus Überängste zu belächeln und humorvoll zu parodieren, desto seltener treten deren Inhalte auf und desto mehr Vertrauen in die eigenen Fähigkeiten kehrt zurück.

Eine überflüssige Angst behält ihre Macht nur so lange, als verzweifelt gegen sie angekämpft oder entsetzt vor den mit ihr assoziierten Gelegenheiten geflohen wird. Kann im Unterschied dazu spöttisch auf sie zugegangen werden und kann ihr „Drohmittel", dessen sie sich bedient, heroisch in Kauf genommen werden, verliert die Drohung ihre Wirkung und die Angst ihre Macht. Diese Methode kann allen Menschen empfohlen werden, die sich wegen Dingen aufzuregen pflegen, die der Aufregung nicht wert sind, zum Beispiel wegen Prüfungen. Wer augenzwinkernd bereit ist, mit strahlender Miene und lautstarkem Gepolter durch die Prüfung zu fallen, steigert sich nicht Hals über Kopf in eine Panikstimmung hinein. Der Humor treibt einen Keil zwischen die geistige Person eines Menschen und dessen psychische Schwäche; er spaltet das emotional Übertriebene „gegenübertreibend" ab und legt dadurch Energiepotentiale aus dem heilen Bereich der Persönlichkeit frei, die bestens ausgerüstet sind, mit den tatsächlichen Schwierigkeiten des Lebens fertig zu werden.

Zwei Arten von Reichtum

Eine Abhandlung über Streßverarbeitung bliebe unvollständig, würde in ihr nicht auch jener Sachverhalte gedacht, die sich mittels keiner Aktionsstrategie verändern lassen. Um unser Gleichnis ein allerletztes Mal zu strapazieren, könnten wir sagen, daß sich ein Kind, dem mitgeteilt wird, daß das Eis des Teiches vorläufig zum Schlittschuhlaufen zu dünn ist und das deshalb darauf verzichten muß, in einer solchen Lage befindet. Es kann nichts tun, damit das Wasser schneller friert, und muß sich in Geduld fassen. Ein Großteil unserer Lebensbedingungen ist ähnlich festgelegt, ob sie uns gefallen oder nicht. Wählen können wir dann einzig unsere Einstellung zu ihnen. Diese allerdings hat einen nicht zu unterschätzenden Einfluß auf unsere Gesundheit.

Im Buch „Das Lächeln der Auguren" von Franz Flössner steht folgender Aphorismus: „Es gibt zwei Arten von Reichtum: Viel haben oder wenig nötig haben." Dieser Satz ist auf das Lebensglück schlechthin anwendbar. Fühlt sich jemand vom Glück benachteiligt, hat er immer noch die Chance, zu seiner Zufriedenheit „wenig Glück nötig zu haben", was unter Umständen das kostbarere Gut ist, weil es ihn vom Wechselspiel des Zufalls unabhängig macht. Seelisch stabil erhaltende Einstellungen sind meist solche, die „wenig Glück nötig haben", weil sie auch auf unangenehme und unvermeidliche Vorfindlichkeiten noch eine positive Antwort wissen.

In diesem Zusammenhang möchte ich ein Detail aus meinen therapeutischen Gesprächen mit der „Minderwertigkeitskomplex-Patientin" nachtragen. Sie, die sehr belesen war, hatte die damals aktuellen Bücher zur „Midlifecrisis" durchstudiert. Prompt erwähnte sie, daß sie sich vor dem Heranrücken der 40er-Jahre fürchte und dem Älterwerden mit großem Unbehagen entgegenblicke.

Um ihr eine positivere Einstellung zum unabänderlichen Sachverhalt des Älterwerdens nahezulegen, entgegnete ich: „Nun, Sie haben sich stundenlang bei mir beklagt, daß Sie zur Zeit die Rolle eines „minderwertigen Hausmütterchens" innehaben und nicht voll Ihren eigenen Interessen wie dem künstlerischen Werken nachgehen können, weil Sie durch Ihre Mutterpflichten ans Haus gebunden sind.

Ich muß Ihnen zustimmen, daß ein achtjähriges Kind zwangsläufig den Aktionsradius einer verantwortungsbewußten Mutter einengt. Doch bedenken Sie: Wenn Sie älter werden, wird auch Ihr Sohn älter – und selbständiger. Und je selbständiger er wird, desto mehr Freiraum gewährt sich Ihnen. Wenn Sie erst einmal in die 40er-Jahre kommen, ist Ihr Sohn schon beinahe erwachsen, und Sie sind Ihrer Pflichten ihm gegenüber weitreichend entbunden. Genießen Sie also die Erfüllung in der Mutterschaft, solange Ihr Sohn noch jung ist, aber freuen Sie sich zugleich auf Ihre Zukunft, die voraussichtlich herrliche Entfaltungsmöglichkeiten für Sie bereit hält, weil Sie mehr Zeit für Ihre eigenen Interessen haben werden!"

Spontan erwiderte die Frau: „Das ist wahr. So gesehen freue ich mich wirklich auf die Zukunft, denn ich erträume mir manches, das sich leichter bewerkstelligen läßt, wenn unser Bub älter geworden ist." Sie hatte begriffen, was Viktor E. Frankl in dem schönen Satz ausgedrückte: „Wer sich der Torschlußpanik hingibt, der vergißt, daß sich neue Tore öffnen, während sich die alten schließen."

Angesichts von unabänderlichen Lebensbedingungen muß man mehr denn je dem Wunder Raum geben. Es blüht mit Vorliebe an totgeglaubten Orten auf ...

Die Mauser eines „häßlichen Entchens"

Ich hatte einst einen ätiologisch interessanten Fall. Es handelte sich um zehnjährige Zwillinge, von denen einer wegen seiner Tüchtigkeit von der Mutter bevorzugt wurde, während der andere eher unbeholfen und ungeliebt war.

Die Mutter erwies sich in der Erziehungsberatung als wenig kooperativ. Wir nahmen den abgelehnten Zwilling in eine heilpädagogische Einzeltherapie auf, um sein Selbstvertrauen zu stärken und ihm Methoden zur Verbesserung seiner Psychomotorik anzulernen. Eines Tages wandte sich der Junge an unsere Heilpädagogin und fragte sie: „Bitte, können Sie nicht auch meinem Bruder helfen? Der macht jede Nacht ins Bett und spürt es nicht, und die Mutti ist so traurig darüber!"

Der bevorzugte Junge näßte ein, der ungeliebte nicht! Wie stimmte dies mit der üblichen Theorie überein, daß nächtliches Einnässen ein „Weinen nach unten" sei? Aber noch etwas anderes bewegte uns. Der abgelehnte Junge zeigte ein hohes soziales Verständnis und Einfühlungsvermögen; er bat um Unterstützung für seinen „Konkurrenten", er wollte die Mutter glücklich sehen, jene Mutter, die ihn links liegen ließ! Sein Bruder dagegen, der „Star im Haus", wäre nie auf die Idee gekommen, etwas für jemand anderen zu erbitten. Und auch die Mutter hatte nicht die Offenheit besessen, uns das Problem des bevorzugten Kindes einzugestehen, sie hatte immer nur die negativen Seiten des benachteiligten Kindes aufgezählt.

Die konstitutionellen (und bei eineiigen Zwillingen identischen) Veranlagungen des Menschen spielen für seine Entwicklung eine wichtige Rolle. Dazu gesellen sich die familiären und sozialen Einflüsse, zufällige Ereignisse und gesundheitliche Daten, die wie in einem unentwirrbaren Netz miteinander verwoben sind. Das alles ist jedoch nie „die ganze Geschichte vom Menschen". In den inneren Stellungnahmen zu sich und zur eigenen Position in der Welt formt sich der Mensch ein Stück weit selbst. Der ungeliebte Zwilling hat sich von den zweifellos traumatischen Vorprägungen seiner frühen Kindheit freigestrampelt, hat ihnen mit der „Trotzmacht des Geistes" (Frankl) gegengehalten und sich zu einer dennoch liebenswerten Persönlichkeit geformt. Dazu kann man ihm von Herzen gratulieren! Wir wollen im Kontrast dazu dem geliebten Zwilling keinen Vorwurf machen, daß er zum Egozentriker wurde, aber eines ist sicher: *Wenn* er „nach unten weinte", dann über sich selbst.

Der weitere Verlauf der heilpädagogischen Behandlung, in die wir anschließend beide Brüder einbezogen, gab unserer Auffassung recht. Der tüchtige, von der Mutter hochgeschätzte hatte einen dornigen Weg vor sich – das „häßliche Entchen" dagegen mauserte sich zum weißen Schwan.

Wie recht hat doch die Logotherapie, wenn sie bestreitet, daß der Mensch den ihn prägenden Einflüssen aus Erbe und Erziehung ausgeliefert sei! Nein, er ist keine Mixtur aus Geninformationen und Lerninhalten. Im Menschen liegt etwas, das nicht von dieser Welt ist.

Anlaß zum Ärger oder zur Freude?

Eine Frau beschwerte sich im Beratungsgespräch, daß sie beruflich furchtbar überlastet und einem Nervenzusammenbruch nahe sei. Ihr Chef sei auf Urlaub gefahren und habe zuvor die gesamte Arbeit auf sie abgewälzt, obwohl noch genügend Mitarbeiterinnen da seien, die ebenfalls Teile des Arbeitspensums hätten übernehmen können. Aber anscheinend habe er es besonders auf sie abgesehen …

Nun, jammern und hinter dem Rücken von jemandem schimpfen ist wenig fruchtbar. Man jammert's sozusagen *nicht weg,* was einen ärgert. Entweder setzt man sich ehrlich und fair mit dem Verursacher des Ärgers auseinander, oder man ändert die eigene Einstellung zum Problem. Da der Chef der Patientin auf Urlaub und für längere Zeit nicht erreichbar war, verhalf ich der Patientin zu einer kleiner Einstellungsänderung. Ich erkundigte mich, ob es sich um betriebswichtige Arbeiten handelte, die ihr übertragen worden waren, und sie bejahte. Daraufhin fragte ich sie: „Könnte es sein, daß Ihr Chef zu Ihnen und zu Ihren Fähigkeiten am allermeisten Vertrauen hat und deshalb die wichtigsten Angelegenheiten während seiner Abwesenheit nur in Ihren Händen sehen wollte, wissend, daß er sich dann im Urlaub keine Sorgen zu machen braucht?"

Die Frau überdachte diesen Aspekt und nickte zustimmend: Ja, das könnte sein. Plötzlich erschien ihr die beklagte Arbeitsbelastung als indirektes Lob ihres Chefs, als ein Vertrauensbeweis, der sie aus der Menge ihrer Kolleginnen positiv heraushob. Sie verließ die Sprechstunde mit einem leisen Lächeln auf ihren Lippen.

Tatsache ist, daß fast jeder Durchschnittsbürger im Laufe seines Lebens im Verhältnis zu dem von ihm Geleisteten zu wenig Lob und Anerkennung erhält. Wir leben in keiner lobesfreudigen Gesellschaft. Dafür erntet fast jeder ein zu hohes Maß an Kritik und reichlich falsche Unterstellungen böser Motive. Das Mißtrauen grassiert. Weil das aber so ist, hat der Psychotherapeut es auszugleichen, indem er Anerkennenswertes bei seinen Patienten betont, Gelungenes beachtet, Gipfelerlebnisse bewundert und tapfer Durchgestandenes würdigt. Die echtgemeinte Ehrfurcht vor verantworteten, sinnvollen Taten oder Unterlassungen unserer Mitmenschen erweckt bei ihnen den Willen, auf gutem Kurs zu bleiben und bestätigt ihnen rückwirkend, daß auch manch unbedanktes Mühen nicht verkehrt war. Vielleicht ist es eines der grandiosesten Werke der Nächstenliebe überhaupt, sich vor den Lebensleistungen unserer Nächsten zu verbeugen.

Der Humor trägt über Abgründe hinweg

Ein Zahnarzt mittleren Alters suchte mich wegen einem psychogenen Zittern seiner Hände auf. Er erwog, seine Praxis „hinzuwerfen", denn verständlicherweise ist ein unkontrollierbares Händezittern für einen Zahnarzt keine gute Reklame. An konstitutionellen Faktoren ist zu erwähnen, daß seine Mutter an einem ungewöhnlich starken und früh beginnenden Alterstremor gelitten hatte. Die sonstige Gesamtsituation des Zahnarztes war günstig: Er hatte eine noch florierende Ordination und führte eine glückliche Ehe, der zwei gesunde Kinder entsprungen waren. In den Jahren davor hatte es eine einzige „Entgleisung" seinerseits gegeben, nämlich ein kurzes Intimverhältnis mit einer Zahnarzthelferin, das aber komplikationslos beendet worden war.

Trotzdem war in einer tiefenpsychologischen Behandlung, der sich der Zahnarzt unterzogen hatte, ehe er zu mir kam, diese vergangene Liaison wieder und wieder erörtert worden; und seine angeblich verdrängten Schuldgefühle darüber waren als tiefsitzende Ursache des Zittersyndroms interpretiert worden. Der möglichen erblichen

Belastung durch die Mutter war keine Bedeutung zugesprochen worden.

Im Unterschied dazu befand ich den konstitutionellen Faktor für wesentlich, wenn auch nicht im Sinne eines unabänderlichen Schicksals, und den Seitensprung für irrelevant, weil mir der Patient versicherte, daß die Sache für ihn und seine Frau erledigt und abgeschlossen sei. Für gravierend hielt ich jedoch die personale Reaktion des Patienten auf sein Symptom, die in einem Flucht- und Vermeidungsverhalten bestand. Zum Beispiel nahm er keine Einladungen von Bekannten mehr an, weil er fürchtete, jemand könnte ihn beim Verschütten der Suppe oder eines Getränkes beobachten. Oder er gebrauchte unglaubliche Vorwände, um in seiner Praxis kein Formular ausfüllen zu müssen, wenn jemand in seiner Nähe war. Zudem griff er vor schwierigen Eingriffen zu Beruhigungstabletten, um der Arbeit gewachsen zu sein. Damit tappte er gleichsam in eine psychologische Falle. Denn wird einem Symptom durch irgendeine Flucht kurzfristig ausgewichen, steigt langfristig die Angst vor jeder neuen kritischen Situation an, bei der der „Fluchtweg" zufällig nicht offenstehen könnte und das Symptom unausweichlich eintreten würde. Und tritt es dann ein, geschieht exakt, was befürchtet worden ist, und die Angst vor einer künftigen Wiederholung schnellt noch massiver in die Höhe.

Also machte ich den Zahnarzt mit der Paradoxen-Intentions-Methode vertraut: „Hören Sie auf, das Zittern vermeiden zu wollen, denn umso stärker wird es! Laufen Sie vor dem erwarteten Drama nicht davon, sondern drehen Sie sich um und ‚packen Sie den Stier bei den Hörnern'. Zittern Sie nach Herzenslust! Zittern Sie mit Genuß! Strengen Sie sich an, den Leuten ringsum zu zeigen, welch blendender Zitterer Sie sind! Suchen Sie extra Gelegenheiten, um es ihnen zu beweisen! Haben Sie unangenehme Kunden in Ihrer Praxis, denken Sie sich innerlich schmunzelnd: ‚Na warte, dich werde ich sogleich hinauszittern!' Sind Sie bei Freunden eingeladen, wünschen Sie sich heimlich, die ganze Gesellschaft durch Ihr Zittern in Atem zu halten! Müssen Sie ein Formular ausfüllen, wahren Sie das Image des Arztes, indem Sie total unleserlich schreiben! Und seien Sie jedesmal zutiefst enttäuscht, wenn Ihr Tremor nicht zufriedenstellend ausfällt. Sie werden verblüfft sein, wie schwer es ist, ordentlich zu zittern, wenn Sie es absichtlich produzieren wollen."

Der Zahnarzt erfaßte recht schnell die Quintessenz dieses merkwürdigen Rates und probierte meine Vorschläge erst zögernd, dann mutiger werdend aus. Er begab sich in Restaurants oder Postämtern in die Nähe fremder Leute mit dem (paradoxen) Vorhaben, vor ihnen „eine große Zittershow abzuziehen". Bereits nach wenigen Tagen bestätigte er mir: „Ich spüre deutlich den Heilungseffekt Ihrer Methode. Es geschieht tatsächlich nichts: Sobald ich zittern *will*, bleiben meine Hände ruhig." „Ja", antwortete ich, „und sobald Sie über Ihre aufgebauschten Ängste gründlich lachen können, sind Sie ganz gesund!"

Der Humor ist das befreiende Agens der Paradoxen Intention. „Es gibt kaum etwas im menschlichen Dasein, das es dem Menschen so sehr und in einem solchen Ausmaß ermöglichte, Distanz zu gewinnen, wie der Humor", schrieb Viktor E. Frankl dazu. Eben diese Distanz zur eigenen neurotischen Angst ist es, die den Angstneurotiker rettet – ein Lächeln über sich selbst bricht den Bann der Angst. Oder wie der Maler Anselm Feuerbach es ausgedrückt hat: „Der Humor trägt über Abgründe hinweg."

Selbstreflexion und Bodenlosigkeit

Aus meinen Gesprächen mit dem Zahnarzt ist mir ein interessantes Detail in Erinnerung, das ich dem Leser nicht vorenthalten möchte. Er wurde in der Zeit, als er noch an seiner Angstneurose litt, eines Nachts zu einem dringenden Notfall gerufen und wollte diese Arbeit sofort auf einen Kollegen abwälzen, weil er sich – so überraschend gefordert und ohne Schutz durch Beruhigungstabletten – außerstande fühlte, eine ruhige Hand zu behalten. Doch es stellte sich heraus, daß der Kollege verreist war und niemand anderer für ihn einspringen konnte und daß der Patient zu verbluten drohte. Da packte der Zahnarzt seine Instrumente und machte sich auf den Weg. Es handelte sich um einen derart schwierigen Eingriff im Kiefer des Kranken, daß er sich völlig darauf konzentrieren mußte und keinen Augenblick lang an seine Ängste denken konnte. Siehe da: Als er endlich fertig war und erleichtert aufatmete, wurde ihm im nachhinein bewußt, daß ihn gar kein Anflug eines Zitterns gequält hatte, von der ersten Handbewegung der Operation an bis zur letzten.

Auch dieses Ereignis könnte man eine „Dereflexion per Zufall" nennen. Man könnte in einer Anspielung auf Karl Jaspers behaupten, daß die in ihrer Aktualität „schreiend" sinnvolle Aufgabe den Zahnarzt aus der Bodenlosigkeit seiner Selbstverstrickung geholt hat. Wobei das dazu passende Zitat von Karl Jaspers (aus: „Wesen und Kritik der Psychotherapie, München 1958) lautet:

Wird die Selbstreflexion als psychologische Betrachtung zur Lebensatmosphäre, so fällt der Mensch in eine Boden-

losigkeit ... Der Mensch muß sich um die Sachen kümmern, nicht um sich selbst, um Gott, nicht um die Gläubigkeit, um das Sein, nicht um das Denken, um das Geliebte, nicht um das Lieben, um die Leistung, nicht um das Erleben, um die Verwirklichung, nicht um Möglichkeiten – oder vielmehr um das je zweite immer nur als Übergang, nicht seiner selbst wegen.

In der liebenden Sorge um die Mitwelt verblaßt die Sorge um das eigene Versagen. Das ist der Grund, warum in jener Nacht, in der sich der Zahnarzt ohne jede kognitive oder emotionale Abschweifung geistig einzig auf den Notfallkranken ausgerichtet hatte, seine unangenehmen Symptome wie weggeblasen waren.

Mit dieser Erkenntnis hatten wir ein solides Fundament für die Nachbetreuungsphase gewonnen, in der es darum ging, die (mit Hilfe der Paradoxen Intention eroberte) Angstfreiheit des Zahnarztes zu konsolidieren. Die „dereflektorische" Botschaft war klar: „Kümmern Sie sich nicht darum, was die Leute von Ihnen denken könnten; denken Sie lieber nach, *worum* Sie sich gerne kümmern würden! Konzentrieren Sie sich auf Ihre Begabungsschwerpunkte, basteln und werken Sie in Ihrer Freizeit, treiben Sie Sport, machen Sie Ausflüge mit den Kindern, entwickeln Sie politische Initiativen oder was Sie sonst interessiert. Öffnen Sie sich zur Welt, die Ihnen und der Sie viel zu geben haben!" Parallel dazu gelang es, den Beruhigungsmittelkonsum durch Entspannungsübungen zu ersetzen, so daß die schon im Entstehen begriffene Abhängigkeit ausgemerzt wurde. Der Patient hat in den darauffolgenden zehn Jahren keinen Rückfall gehabt. Dann trennten sich unsere Wege.

Ein Traumbild als Medizin

Ein griechischer Gastarbeiter wurde von seinem Hausarzt an mich überwiesen, weil seine Magenbeschwerden in einem engen Zusammenhang mit einer psychischen Problem- und Belastungssituation standen. Der gebildete, sensible, klein und schmächtig gebaute Mann hatte bei einer Baufirma einen Arbeitsplatz inne, auf dem es hauptsächlich auf Körperkraft und physische Ausdauer ankam, die er kaum besaß. Die ihm intellektuell unterlegenen, aber muskulär überlegenen Kameraden hänselten und verspotteten ihn deshalb mit Vergnügen und bedachten ihn mit häßlichen Schimpfnamen. Einmal war er sogar niedergeschlagen worden. Dieser Zustand grämte ihn, ließ ihn die Abende trübselig verbringen und tagsüber die Berührung mit den Kameraden fürchten, und fand Ausdruck in den Magenschmerzen, die seine Kräfte zusätzlich untergruben.

Meine erste Überlegung galt der Frage, ob der Patient nicht den Arbeitsplatz wechseln sollte, doch es zeigte sich, daß er durch einen günstigen Kredit, den er über die Baufirma erhalten hatte, an diese gebunden war und daß eine Rückkehr nach Griechenland vorläufig nicht seinen Zielintentionen entsprach. Denn es war sein Lebenstraum, eines nicht allzu fernen Tages ein kleines Haus in Griechenland zu bauen und dort als Stammvater einer zu gründenden Familie einen Wohnsitz für Generationen zu schaffen. Das dafür nötige Kapital konnte er aber nur unter Beibehaltung seines gegenwärtigen Berufes in Deutschland erarbeiten.

Das heißt, zur dispositionell bedingten Sensibilität des Griechen gesellte sich eine neurotisierende Drucksituation, was beides kaum zu ändern und dennoch durch die

Neigung des Patienten, darauf psychosomatisch zu reagieren, gesundheitsbedrohend war. Nun wissen wir aus der Logotherapie, daß fast alles ertragbar und aushaltbar ist und jedes noch so grausame Schicksal hinnehmbar wird, wenn nur ein Sinn darin gesehen werden kann: ein Wozu. Und für den Patienten gab es solch einen Sinn! Er hatte ihn selbst beschrieben: das Haus seiner Träume, seiner zukünftigen Familie; das Haus, für das er bereit war, bis zum Umfallen zu arbeiten.

Ich brauchte nichts anderes zu tun, als ihm dieses Wozu als Stütze im Bewußtsein präsent zu halten. Ich tat es, indem ich ihn bat, sein Traumhaus aufzuzeichnen, und zwar auf kleinem Papierformat, damit er die Zeichnung einstecken konnte. Er zeichnete mit rührender Hingabe. Danach riet ich ihm, jedesmal, wenn er von seinen Kameraden gekränkt worden war, die Toilette aufzusuchen, die Brieftasche hervorzuziehen und sein Haus zu betrachten. Innerlich möge er dabei erspüren, um wieviel klüger er doch sei als jene Kameraden, die ihr Geld teilweise verschleuderten, während er auf ein hehres Ziel sparte, und um wieviel ärmer seine Kameraden seien, die zwar kräftige Muskeln hätten, aber niemals ein wunderschönes weißes Haus am griechischen Strand besitzen würden wie er, sobald sich sein Traum erfüllt haben würde.

Danach sollte er im inneren Dialog noch ein wenig schmunzelnd hinzufügen: „Na los, springt her und plagt mich! Ein hoher Preis lohnt sich für einen hohen Wert, und ich, ich besitze einen solchen Wert, wenigstens in meinen Träumen, während Ihr jämmerliche Kerle außer dem bißchen Freude, mich zu quälen, kaum etwas besitzt!"

Meine Hoffnung ging auf. Monate nach unseren therapeutischen Gesprächen begegnete mir der Grieche zufällig auf der Straße und sprach mich an. Ich erkannte ihn nicht sofort, bis er die Brieftasche zog und mir sein selbstgezeichnetes Bild vor die Nase hielt. Seine Magenbeschwerden seien erheblich zurückgegangen, erklärte er, und er habe es kaum mehr nötig, seinen geheimen Talisman auf der Toilette zu betrachten. Er sei so gelassen geworden, daß die Arbeitskameraden begonnen hätten, ihn zu respektieren. Seit er sein Los als Preis für sein künftiges Haus akzeptiere, sei es „irgendwie überhaupt nicht mehr schlimm". Ja, es komme ihm vor, als ob er sich manches bloß eingebildet habe, denn es gäbe durchaus auch nette Kameraden auf der Baustelle, die weniger ordinär seien als die übrigen. Jedenfalls danke er mir sehr, denn die Idee mit dem Bild sei die beste Medizin gewesen, die er je von einem Doktor erhalten habe ...

Details an ihren Platz rücken

Es sei gelassener geworden, hat mein griechischer Patient bezeugt. Das ist das beglückende Resultat „paradoxer" Einstellungen zu angsteinflößenden Inhalten. „Springt nur her und plagt mich" – mit dem Gedanken hatte er seine Schultern gestrafft und war erhobenen Hauptes an sein Tagewerk gegangen. Was war geschehen? Die Kameraden hatten begonnen, ihn zu respektieren!

In der paradoxen Einstellung wird ein Stück Urvertrauen praktiziert, bevor es noch wirklich in der Seele etabliert ist, und schon hilft es aus der Krise. Wer zum

Beispiel beim Einkaufsbummel an der Zwangsvorstellung leidet, er könnte die Haustüre zu schließen vergessen haben und sich daraufhin innerlich vorsagt: „Schön, dann soll sie offenstehen, sperrangelweit offen! Ich erteile sämtlichen Stadtteildieben die Erlaubnis, hineinzumarschieren!", der wird gleichsam zur Einsicht gelotst, daß seine Schätze relativ und verzichtbar, weil gegenüber der Unendlichkeit ohne Belang sind. Oder wer, von Blamageängsten gepeinigt, mit dem grotesken Gedanken spielt, beim nächsten Freundestreffen den Anwesenden eine riesige Wasserlache vorzuschwitzen, ihnen eine Kanonade unzusammenhängender Wörter entgegenzuschleudern etc., der hat begriffen, daß kein Mensch die höchste Autorität ist. Dem Gläubigen mag dabei das Wort von Peter Horten im Ohr klingen, wonach der Mensch nie tiefer fallen kann als in die Hände Gottes.

Der angst- und zwangsneurotische Patient huldigt einer verzerrten Perspektive, die ihm Details aus der Nähe als unheimlich bedeutend suggeriert, und entfernte Zielpunkte in ihrer scheinbaren Unerreichbarkeit als vernachlässigbar winzig. Er verfällt einer „optischen Täuschung" wie ein Kind, das seine Umgebung von einer Turmspitze aus betrachtet und dabei die den Turm umkreisenden Dohlen für Riesenvögel und die Lastwagen auf der Straße für Spielzeugautos hält. Für die Patienten wird das Waschen am Morgen zur umständlichen Zeremonie, das Busfahren ins Büro zur schreckenerregenden Reise, die peinliche Ordnung am Schreibtisch kostet sie eine Menge Zeit, und ein spitzes Wort der Kollegen bewirkt einen Tränenausbruch – das ist die Miniwelt des Neurotikers! Wo soll da Platz sein für das wahrhaft Große und Wertvolle?

Aber die Methode der Paradoxen Intention rückt die Details wieder an ihren Platz. Bei der Morgentoilette soll sich der Kranke bemühen, die „auf seiner Haut sitzenden Bakterien" bloß nicht naß zu machen, um sie nicht zu verjagen. Im Bus wird es Zeit für einen kurzen Ohnmachtsanfall, um den versäumten Morgenschlaf nachzuholen. Über den Büro-Schreibtisch soll der Orkan brausen, daß die Bleistifte nur so tanzen! Und die Kollegen werden für ihr „Lästermaul" mit einer Extraportion Freundlichkeit belohnt. Was sind die tiefgründigen Aussagen solcher „Humoresken"? Wohl die, daß man die kostbaren Minuten seines Lebens nicht mit Unwichtigkeiten vergeuden darf, weil es Wichtigeres gibt, dem der Pulsschlag unseres Seins gehören sollte; Wichtigeres, für das auch das Überströmen unserer Gefühle aufgespart werden sollte. Viktor E. Frankl hat seine Methode einmal „die Restaurierung der gesunden und natürlichen Wertehierarchie des Menschen" genannt und damit eine ihrer besten Definitionen gefunden.

Der versteckte Sinn im Unsinn

Die Paradoxe-Intentions-Methode stößt auf heilsame Weise die innere Zwiesprache des Menschen mit sich selbst an. „Guten Morgen, Griesgram", sagte eine meiner Patientinnen zu ihrer schlechten Laune, wenn sie beim Aufwachen von einer solchen befallen wurde, „versuche nur nach Kräften, mir den Tag zu vermiesen! Wir werden sehen, ob es dir gelingt. Und strenge dich ein bißchen an, denn mit einem schwachen Gegner zu kämpfen, ist langweilig." „Endlich habe ich einen Grund, mich zu ärgern", sagte sich ein anderer Patient, dem eine Kaffeetasse aus der Hand gerutscht war. „Wie oft in meinem Leben habe ich mich grundlos geärgert! Jetzt kann ich das Ärgern wenigstens richtig genießen, weil es berechtigt ist!" Solche Zwiegespräche mit sich bzw. seinen Gefühlen verunmöglichen auf der Stelle eine negative Stimmung, die sich „anschleichen" will. Ich habe Patienten erlebt, die einzig durch die innere Zwiesprache mit ihrer eigenen Angst angstfrei wurden, etwa nach dem Motto: „Geliebte Angst, wo habe ich dich bloß hingesteckt? Es wäre zu dumm, wenn ich dich verloren hätte, habe ich mich doch schon so sehr an dich gewöhnt ..."

Kann ein Patient noch dazu innerlich lachen, dann lacht er sich schier gesund. „Ich kann nicht mit der Eisenbahn fahren", erklärte mir eine ziemlich korpulente Dame. „Ich muß ständig daran denken, daß ich versehentlich die Waggontüre öffnen und hinausfallen könnte." „Was haben Sie gegen ein wenig Frische-Luft-Schnappen?" fragte ich sie paradox intendierend. „Außerdem gibt es keine bessere Abmagerungskur als Saltos entlang dem Bahndamm! Gewiß leiden Sie unter Bewegungsmangel. Beim Zugfahren hätten Sie die herrliche Gelegenheit, diesen auszugleichen, indem Sie immer dann, wenn Sie hinausgefallen sind, rasch wieder in den Waggon hineinspringen – da würden die überflüssigen Pfunde nur so purzeln!" Die Frau lachte, und als sie zum nächsten Gespräch kam, lachte sie auch. „Ich bin Eisenbahn gefahren", prustete sie, „und jedesmal, wenn ich zur Waggontüre schaute, mußte ich an Ihr radikales Abmagerungsrezept denken, da verflog die Angst ganz von selbst! So ein Unsinn ...", und wieder lachte sie. Seither hat sie nie mehr Schwierigkeiten gehabt, im Zug zu reisen.

Ein anderes Mal sagte ein arbeitsloser Patient, der mehrere psychotische Schübe hinter sich hatte, aber medikamentös gut stabilisiert worden war, zu mir: „Lohnt es sich für mich überhaupt, eine Arbeit aufzunehmen? Was ist, wenn mich die Psychose erneut außer Gefecht setzt?" Woraufhin ich antwortete: „Ach wissen Sie, auf die Psychose würde ich mich nicht verlassen. Am Ende läßt sie Sie schmählich im Stich und kommt nicht mehr!" Lachend über die „untreue Psychose" bewarb sich der Mann um eine Halbtagsstelle und ist heute angesichts schrumpfender Sozialleistungen froh, sie zu haben.

Wer lacht, lacht über ein Körnchen Sinn im Unsinn, das über die Brücke des Humors leichter zu entdecken und zu akzeptieren ist als im Ernst einer gefürchteten Situation. Die geschilderte Patientin hat aus meinen „unsinnigen" Worten herausgelesen, daß sie nicht aus dem Zug fällt, wenn sie nicht hinausfallen *will*. Ebenso hat der arbeitslose Patient im Spaß verstanden, daß es darum geht, die gesunden Zeiten seines Lebens zu nützen. Selbst wer über einen gewöhnlichen Witz lacht, lacht nicht über ein sinnloses Wortgefüge, sondern über einen darin versteckten „Sinn im Unsinn", was die Formulierung zeigt, daß man eine Pointe „versteht" oder eben „nicht versteht". Wer folglich seine Symptome auslacht, „versteht" sich über sie zu erheben – auf den Flügeln des Geistes, der in seiner Integrität unberührbar ist von den Qualen und Irrwegen der Psyche, wenngleich wir Menschen nur begrenzt seiner teilhaftig sind.

Zwiegespräch mit einem Psychoanalytiker

Das Thema „Humor" abrundend sei ein fachlicher Disput aus meinem Metier abgedruckt, dessen Körnchen „Sinn im Unsinn" unschwer zu erraten ist. Ich führte ihn einst mit einem psychoanalytischen Kollegen.

Er: Unlängst war eine Familie bei mir, eine äußerst harmonische Familie. Der Mann war freundlich zu seiner Frau, die Kinder waren brav gegenüber ihren Eltern, die Mutter gab sich großzügig und verständnisvoll. Alles natürlich nur Oberfläche! Darunter muß es brodeln und gären!

Ich: Vielleicht schätzen diese Leute Harmonie ...?

Er: Ich nehme an, der Mann hat eine heimliche Freundin, die Frau ist vermutlich zu Hause die reinste Xanthippe, und die Kinder –

Ich: Welche unterschwelligen Symptome sprechen Sie den Kindern zu?

Er: Der Sohn liest wahrscheinlich Pornohefte unter der Bettdecke, und das Mädchen könnte eine versteckte Freude daran haben, den Hund zu quälen, sozusagen als Ersatzobjekt für ödipale Entladungen.

Ich: Haben Sie irgendwelche Beobachtungen gemacht, die Ihre Annahmen stützen?

Er: Nun, ich sagte schon: Freundlichkeit, Höflichkeit, Harmonie. Zuviel Anpassung bei den Familienmitgliedern, das kann nicht echt sein. Sie alle müssen immense Aggressionen aufgestaut haben, müssen vollgestopft sein mit Wut, die ungezügelt durchbrechen wird, sobald sie ein Ventil findet. Zum Beispiel sagte der Mann zu seiner Frau: „Willst du nicht Platz nehmen, meine Liebe?" Für mich ist dies der Beweis, daß er in seinem Unterbewußtsein wünschte, sie niedriger gestellt zu sehen, als er selbst ist. Kein Zweifel, er wollte auf sie hinabblicken, weil er insgeheim ihre dominante Stärke fürchtet.

Ich: Vielleicht dachte er daran, daß sie müde sein könnte?

Er: Reiner Altruismus, was? Altruismus ist eine Illusion. Der Mensch ist egoistisch und triebhaft von Grund auf, und wenn er „die Masche" der Nächstenliebe anwendet, hat er stets die eigene Befriedigung im Sinn. Jedenfalls nahm die Frau nicht Platz, sie meinte, es lohne sich nicht für ein kurzes Gespräch. Sie widersprach also ihrem Mann, woraus ich schließe, daß sie ihn tatsächlich gerne unterjochen und unterdrücken möchte, wo sie nur kann.

Ich: War das Gespräch denn lang, so daß sich das Hinsetzen gelohnt hätte?

Er: Oh nein, es dauerte nur wenige Minuten. Es war ja ein Mißverständnis – ha, ein Mißverständnis, daß ich nicht lache! Diese Leute müssen große innere Konflikte haben, wenn sie unbewußt Hilfe beim Fachmann suchen!

Ich: Welche Hilfe suchten sie denn bei Ihnen, wenn alles harmonisch war?

Er: Ach, gar keine. Sie behaupteten schließlich, sie hätten sich in der Türe geirrt. Sie wollten nebenan ins Reisebüro ...

Wertehierarchie und Entscheidung

Das Wort von der „Restaurierung der gesunden und natürlichen Wertehierarchie" ist gefallen. Dem sind einige Überlegungen anzufügen, weil viele Menschen bezüglich ihrer Wahlmöglichkeiten und Werthierarchien in Krisen geraten.

Nehmen wir an, ein Mann hat an seinem Arbeitsplatz einen ungerechten Vorgesetzten, der ihn demütigend behandelt. Der Mann fragt sich, ob er dem Vorgesetzten offen seine Meinung sagen soll, um nicht mit der Zeit die Selbstachtung zu verlieren, oder ob er den Mund halten soll, um nicht seinen Arbeitsplatz zu gefährden.

Der Protest, das Aufbegehren ist nicht automatisch die beste Lösung, obwohl von psychologischer Seite häufig dafür plädiert wird, um nur ja keinen „Gefühlsstau" zu riskieren. Doch was nützt eine „Gefühlsabfuhr", wenn nachher alles in Scherben liegt? Beim Abwägen einzelner Wahlmöglichkeiten sollte stets diejenige erwählt werden, die dem „gerade höchsten" Wert aus dem eigenen Wertsystem zugehört, weil man nur für einen hohen Wert gewillt ist, auch einen hohen Preis zu zahlen. Wer aber bestimmt, was der „gerade höchste Wert" eines Menschen ist? Nicht die Willkür, sondern der Sinn des Augenblicks (Frankl).

Jedes persönliche Wertsystem ist, wenn es dem Menschen gemäß ist, reich und bunt. Es umfaßt Personen und Dinge, Kultur und Natur, Musisches und Soziales. Doch zwischen den als wertvoll erachteten Lebensinhalten oszilliert der jeweilige Sinn des Augenblicks und zeichnet die Aktualität der Werte aus. Jemand kann ein begeisterter Cellospieler sein, und dennoch empfiehlt ihm der Sinn des Augenblicks, das gebrochene Wasserrohr zu reparieren, aus dem es auf den Küchenboden tropft. Der Wert der Wohnung steht nicht generell über dem Wert der Musik, er ist nur „gerade an der Reihe", den Dienst und die Aufmerksamkeit des Betreffenden einzufordern.

Zurück zum Beispiel des Mannes mit dem ungerechten

Vorgesetzten. Soll er kämpfen? Soll er dulden? Vielleicht hat er einen Sohn, der noch studiert und auf die finanzielle Unterstützung durch den Vater angewiesen ist. In diesem Fall bedeutet der Erhalt des Arbeitsplatzes für den Vater einen hohen Wert, welcher ganz aktuell ist. Das befreiende Erlebnis, dem Vorgesetzten die Stirn geboten zu haben, ist dagegen Nebensache. Vielleicht aber ist es anders. Vielleicht ist der Mann ungebunden und unternehmungslustig und kann ziemlich leicht einen neuen Job finden. Dann ist es für ihn durchaus „höchste Zeit", dem Verhalten des Vorgesetzten gegenzuhalten.

Der Mann wird bei seiner Entscheidung ein gutes Gefühl haben, wenn es aus einer inneren Stärke heraus entscheidet. *Für* den Studienabschluß des Sohnes, *für* die Gerechtigkeit im Betrieb ... Immer wird er irgend etwas dabei einstecken müssen, seien es weitere Demütigungen, seien es bittere Auseinandersetzungen oder gar der Arbeitsplatzverlust; allein, das Wissen um den hohen Wert, *für den* er handelt, wird ihm seelische Tragkraft verleihen. Im Unterschied dazu wird er ein schlechtes Gefühl haben, wenn er aus einer inneren Schwäche heraus entscheidet. Wenn er etwa von einem plötzlichen Aufwallen seines Zornes hingerissen meutert, ohne die Folgen zu bedenken, oder sich aus purer Feigheit der Tyrannei beugt.

Lernen wir daraus, daß nicht jeder unserer Werte jederzeit „an der Reihe" ist, verwirklicht zu werden. Die Tugenden der Selbstbeherrschung und Abstinenzeinübung gelten auch mit Blick auf unsere Werte. Der Sinn des Augenblicks ordnet sie im Wechsel hierarchisch, und nur unsere innerste Gewissensstimme ist imstande, diese Ordnung nachzuempfinden. Ignorieren wir sie, werden wir unsere Entscheidung eines Tages bereuen, weil wir unseren Preis für Zweit- oder Drittrangiges gezahlt haben, während Erstrangiges auf der Strecke geblieben ist.

Gelegentlich kommt es vor, daß sich in der aktuellen Hierarchie zwei Werte als praktisch gleichrangig präsentieren. In solchen Fällen verlangt der Sinn des Augenblicks einen Kompromiß, der beide Werte berücksichtigt. So wäre im genannten Beispiel denkbar, daß der Mann die Entscheidung trifft, zu einem günstigen Zeitpunkt mit seinem Vorgesetzten ruhig und freundlich zu reden und ihn um mehr Verständnis für die Lage der Arbeitnehmer zu bitten. Ein Kompromiß, bei dem er nicht sämtliche Beleidigungen schlucken würde und trotzdem keine Entlassung zu befürchten hätte. Derlei Kompromisse sind echte „Kunstwerke", vorausgesetzt, daß es keine „faulen Kompromisse" sind, das heißt, daß sie der Liebe zur Versöhnung entquellen und nicht einem Sich-drücken-Wollen vor klaren Positionen.

Den Anruf der Transzendenz abhören

Ich habe einen Mann gekannt, der mit schweren Depressionen in einer Nervenklinik lag und auf keinerlei Therapie ansprach. Bei der Erhebung der Vorgeschichte kam zutage, daß seine Frau 15 Jahre zuvor einen Autounfall gehabt hatte und seitdem pflegebedürftig war. Sie mußte gewaschen, gefüttert und auf die Toilette gehoben werden und konnte sich kaum selbst behelfen. 14 Jahre lang hatte der Ehemann sie (neben seiner täglichen Arbeit) zu Hause gepflegt und betreut. 14 Jahre lang hatte er auf viele Freuden verzichtet, z.B. auf Urlaubsreisen und längere Ausflüge, und seine ganze Freizeit der Frau gewidmet. Doch 14 Jahre lang war der Mann gesund geblieben.

In dieser Zeit hatten Freunde und Verwandte ihn zu überzeugen versucht, daß er sein eigenes Leben vergeude, ohne daß seiner Frau damit sonderlich gedient sei, und daß es das einzig Vernünftige wäre, sie in ein Pflegeheim zu geben, wo sie entsprechend versorgt würde. Er solle doch sein Leben genießen, was mit dem „Ballast" seiner kranken Frau nicht möglich sei. Nach 14 Jahren hatte sich der Mann dem wohlmeinenden Drängen seiner Freunde unterworfen und seine Frau extern untergebracht – kaum ein Jahr später war er in die Nervenklinik eingeliefert worden.

Verschiedene Therapeuten bemühten sich um ihn, und nicht wenige Medikamente wurden ihm verordnet, doch nichts konnte sein Desinteresse an der Welt und am Leben durchdringen. Es war, als habe der Mann eine Mauer um sich errichtet. Bald lautete die einhellige Auffassung seiner Therapeuten, daß er durch das 14jährige Angekettetsein an eine pflegebedürftige Frau und durch seine diversen (auch sexuellen) Enthaltungen so schwere seelische Schäden davongetragen habe, daß er kein normales Mitglied der menschlichen Gesellschaft mehr werden könne. „Er hat die Frau zu spät abgegeben", hieß es allerorts.

Als ich mit dem Mann ins Gespräch kam, was völlig ungeplant anläßlich eines privaten Besuches von mir geschah, gewann ich in kürzester Zeit die Vorstellung, daß der Mann an einem entsetzlichen Wertkonflikt leide, den er entgegen dem Rat seines Gewissens entschieden hatte. Diese Vorstellung stieg in mir deshalb auf, weil er zu keinem anderen Thema ansprechbar war als zum Thema „seine Frau". Ohne Zweifel liebte er sie immer noch. Er schilderte mir ausführlich, wie tapfer sie den Umzug ins Pflegeheim akzeptiert hatte und wie sie die Tränen vor ihm verborgen hatte, als er sie dort zum ersten Mal besucht hatte. Ich tastete mich weiter auf der Suche nach sonstigen Inhalten in seinem Leben, aber alle Wertdimensionen waren wie erloschen. Nur das Bild seiner Frau leuchtete in ihm.

Nach dem Gespräch wanderte ich eine halbe Stunde in einem Gang der Klinik auf und ab und rang mit mir. Durfte ich äußern, was ich dachte, durfte ich zu der Entscheidungskorrektur raten, die mir unabdingbar notwendig erschien? Schließlich kehrte ich ins Krankenzimmer des Mannes zurück. „Herr M.", sagte ich zu ihm, „stehen Sie auf, melden Sie sich vom Krankenhaus ab und reduzieren Sie Ihre Arzneien. Holen Sie Ihre Frau wieder zu sich nach Hause. Sie sind nicht geistig oder seelisch krank, sie befinden sich mit sich selbst im unreinen, und solange Sie nicht mit sich ins reine kommen, werden Sie niemals froh werden!" Der Mann sah mich erstaunt an, und langsam stieg etwas Farbe in seine Wangen. Dann erhob er sich, um sich anzukleiden.

Ich habe ihn seit damals noch zweimal gesehen. Einmal bei ihm zu Hause. Da sah ich einen vitalen, ausgeglichenen Mann, der geschäftig zwischen dem Wohnzimmer und der Küche hin- und herlief, um Tee und Kekse zu holen, während eine stille, magere Frau, die im Wohnzimmer aufgebettet war, ihn mit zärtlichen Augen verfolgte. Das zweite Mal sah ich ihn im dunklen Anzug, als er vom Friedhof vom Grab seiner Frau kam. Er kam, um zu danken. „Wenn Sie nicht gewesen wären", sagte er zu mir, „wäre mein Leben jetzt zu Ende gewesen. Ich hätte das Gefühl, meine Frau im Stich gelassen zu haben, nie überwunden. Ihr einsamer Tod im Pflegeheim hätte auch mich getötet. So aber ist sie in meinen Armen gestorben, und jetzt – ist es gut."

Dieses Erlebnis ließ mich an die weisen Worte Viktor E. Frankls[7] denken, der einst schrieb:

Die Person begreift sich selbst nicht anders denn von der Transzendenz her. Mehr als dies: der Mensch ist auch nur Mensch in dem Maße, als er sich von der Transzendenz her versteht, – er ist auch nur Person in dem Maße, als er von ihr her personiert wird: durchtönt und durchklungen vom Anruf der Transzendenz. Diesen Anruf der Transzendenz hört er ab im Gewissen.

In der Tat, wer ihn „hört", für den – „ist es gut".

Narben können ein starkes Gewebe bilden

Es ist ein Irrglaube, anzunehmen, daß traumatische Ereignisse unseres Leben ohne Abstimmung mit dem Gewissen „aufgearbeitet" bzw. psychisch „erledigt" werden könnten. Weder durch Bewußtmachung noch durch Anklagen der Schuldigen, weder durch nachträgliche Rationalisierung noch durch Hinausschreien der Emotionen sind solche belastenden Ereignisse inklusive ihrem nachhallenden Schmerz aus der Welt zu schaffen. Ich habe einst in Amerika eine berühmte Rednerin erlebt, die dem Auditorium

---

7 Viktor E. Frankl, „Der Wille zum Sinn", Piper, München, 3. Auflage 1996, Seite 117.

detailliert erklärte, wieso sie gegen einen ihrer Nachbarn grundlose Haßgefühle empfand. Jener Nachbar erinnerte sie an ihren Vater, der sie in ihren Mädchenjahren gezwungen hatte, ihren Lieblingshasen zum Schlachter zu tragen. Die Rednerin wollte darlegen, daß mit der Erkenntnis, woher ihre aggressive Überreaktion auf den (unschuldigen) Nachbarn stammte, ihr altes Trauma ausgestanden sei, aber ich fürchte, daß sie sich einer Illusion hingab. Hätte sie das Leid aus ihrer Kindheit wahrhaftig überwunden gehabt, hätte sie nicht ein halbes Jahrhundert später noch öffentlich vor Hunderten von Menschen ihren Vater angeklagt, brutal und grausam gewesen zu sein …

Manche Therapeuten suggerieren ihren Patienten, diese würden nach Anwendung zeitraubender analytischer Methoden von den Schatten ihrer Vergangenheit befreit sein und dann die Gegenwart erfüllt leben können. Aber die Patienten entdecken allmählich, daß die Schatten der Vergangenheit niemals ganz abzuschütteln sind und speziell dann hervorlugen, wenn die Umgebung „voller Sonne" ist. Merkwürdigerweise sind es die glücklichen Stunden, die den Hauch der Melancholie neu erwecken. Die fröhlichen Gesichter der anderen, die sprudelnden Worte und einladenden Gesten sind es, die daran erinnern, daß dem nicht immer so gewesen ist. Der Kontrast des Lichtes bringt die Konturen des Schattens besser zur Geltung als das dämmrige Zwielicht eines insgesamt trüben Daseins.

Doch vergessen wir nicht: Menschliches Leben bedeutet von seinen evolutionären Wurzeln her kein ungestörtes Dahinvegetieren in homöostatischem Zustand, sondern Kampf, Schweiß, Pendeln zwischen Hoffnung und Enttäuschung und Ringen um eine sinnvolle Existenz. Wo aber

Kampf stattfindet, gibt es Verwundungen, und wo Verwundungen sind, gibt es Narben. Körperliche Verwundungen hinterlassen körperliche Narben, seelische Verwundungen hinterlassen seelische Narben – beide verschwinden nicht einfach von der Bildfläche. Narben bleiben spürbar und sichtbar.

Wenn sie allerdings gut verheilt sind, müssen sie keine Schwachstellen des Organismus bzw. des Gefühlslebens sein. Sie können auch Mensuren der Tapferkeit, Zeichen gewonnener oder zumindest überstandener innerer Kämpfe darstellen und von Reifungsprozessen zeugen, die den Charakter des Menschen gefestigt haben. Sie können „starkes Gewebe" bilden, körperlich wie seelisch. Stark auch im Sinne größerer Unabhängigkeit von weltlichen Gütern und erhöhter Sensibilität für die Stimme des Gewissens. Deswegen geht es in der Psychotherapie weniger darum, Leiderfahrungen aufzudecken („Narben aufzukratzen") und schuldzuweisend aufzuarbeiten, sondern vielmehr darum, sie zu geistigen Kraftquellen umzufunktionieren, aus denen bei unvorhersehbaren Lebenseinbrüchen in Weisheit geschöpft werden kann. Viktor E. Frankl schrieb dazu die schönen Worte:

Leiden heißt leisten und heißt wachsen. Aber es heißt auch reifen. Denn der Mensch, der über sich hinauswächst, reift zu sich selbst heran. Ja, die eigentliche Leistung des Leidens ist nichts anderes als ein Reifungsprozeß. Die Reifung jedoch beruht darauf, daß der Mensch zur inneren Freiheit gelangt – trotz äußerer Abhängigkeit.

Die Bewältigung eines Traumas

An Hand eines konkreten Beispiels möchte ich demonstrieren, wie das Umfunktionieren eines Leides in eine Kraftquelle sogar bei kleinen Kindern gelingen kann. Das Beispiel verdanke ich Doris Hünger, einer Heilpädagogin und ehemaligen Mitarbeiterin von mir, die überaus geschickt logotherapeutische Grundprinzipien in ihre tägliche Arbeit einzuflechten wußte.

Das sechsjährige Mädchen, um das es sich handelte, wurde uns von seiner Mutter wegen eines Schockerlebnisses vorgestellt, das bereits ein Jahr zurücklag. Und zwar hatte das Kind damals mitansehen müssen, wie der betrunkene Vater die Mutter angegriffen und unkontrolliert geschlagen hatte. Da die Mutter einen heftig blutenden Nasenbeinbruch davongetragen hatte, war viel Blut auf den Teppich unter ihr geflossen. Die Mutter hatte das Kind nach ihrer Verletzung einer Freundin übergeben und war ins Krankenhaus gefahren, wodurch ihr keine Zeit geblieben war, den Teppich zu reinigen. Als sie nach ihrer Krankenhausentlassung und der Abholung des Kindes ihre Wohnung wieder hatte betreten wollen, hatte das Kind beim Anblick des blutbefleckten Teppichs zu schreien begonnen und sich geweigert, darüberzusteigen. Die Mutter hatte den Teppich erst abdecken müssen, weil das Kind sonst nicht in die Wohnung zu bringen gewesen war.

Seit dem Vorfall war der Vater, gegen den Anzeige erstattet worden war, ausgezogen, und mittlerweile war auch die Scheidung ausgesprochen. Nun wollte die Mutter sicherstellen, daß keine seelischen Schäden im Kinde nachwirkten, wofür es leichte Anhaltspunkte wie nächtliches Aufschrecken oder Angst vor dem Alleinsein gab.

Unsere Heilpädagogin nahm das Kind in wöchentliche Einzeltherapie und ließ es zunächst einfach spielen. Bald kamen vom Kind phantasierte Spielszenen vor, die an das grausige Erlebnis mit dem Vater gemahnten: ein Teddybär wurde beim Kasperltheaterspielen vom Krokodil gebissen, das Blut lief ihm über das Fell, er mußte schnellstens verbunden werden etc. Zweifellos mischten sich dabei bewußte und unbewußte Anteile aus dem Seelenleben der Kleinen, die natürlich wußte, was vor einem Jahr passiert war, ohne es adäquat einordnen zu können.

Daraufhin bot ihr unsere Heilpädagogin Interpretationen an, die eine hohe Chance hatten, mit den Botschaften des menschlichen Gewissens gleichzuklingen. Zum Beispiel erklärte sie, daß es das Krokodil vielleicht gar nicht böse gemeint hatte, als es den Teddy angriff, ja, daß es intensiver zugebissen haben könnte, als es wollte. Oder sie führte aus, daß das Krokodil selber krank sein könnte und deshalb vor lauter Pein wild um sich beiße. Aber, fügte sie hinzu und baute damit einen großartigen zwischenmenschlichen Wert auf, wenn der Teddy dem Krokodil verzeihe, würden seine Wunden schnell wieder heilen, und er könne wieder spielen und tanzen und lachen. Und während er tanze und lache, würde ihm einfallen, daß er auch lustige Stunden mit dem Krokodil erlebt hat, in denen sie viel Spaß miteinander gehabt hatten; und er wird das Krokodil in Erinnerung behalten wie es war: gut und böse. Böse, aber eben auch gut.

Nach wenigen Wochen hörten die trauma-bezogenen Spielszenen des Mädchens auf, und es spielte nur noch „normale" Spiele. Gleichzeitig reduzierte sich seine häusliche Ängstlichkeit auf ein tolerables Maß. Die Heilpädagogin teilte mir mit, daß ihrer Ansicht nach kein zusätzliches Bohren im Gewesenen mehr indiziert sei, und wir einigten uns auf eine Beendigung der Therapiestunden mit einem kurzen Selbständigkeitstraining der Kleinen. Ich war nicht völlig überzeugt, daß das schwere Kindheitserlebnis schon „vernarbt" war, aber ein „Schicksalstest" beruhigte mich zutiefst.

Just beim letzten Beratungsgespräch erzählte mir die Mutter, was sich in einer der Kinderturnstunden eines Gymnastikkurses, den ihre Tochter besuchte, ereignet hatte. Ein anderes Mädchen aus dem Kinderkurs war über eine Matte gestolpert, mit dem Gesicht an die Sprossenwand gestoßen und hatte sich dabei am Nasenrücken verletzt. Nasenaufschürfungen aber bluten bekanntlich stark. Als unser Mädchen aus der Therapie dieses Unglück im Turnsaal mitansah, mußte sich ihm zwangsläufig die Assoziation zur brutalen Verletzung ihrer Mutter durch den Vater aufgedrängt haben. Wie reagierte es darauf? Das Kind blieb im Turnsaal gefaßt und zeigte auch später zu Hause keinerlei Reaktion. Erst am Abend beim Gutenachtkuß der Mutter schlang es beide Arme um den Hals der Mutter und flüsterte ihr ins Ohr: „Gelt Mutti, der Papa hat dich auch so verletzt an der Nase … aber zu mir war er eigentlich oft sehr nett." Damit schlief es friedlich ein.

Könnten doch alle Erwachsenen ihre Lebenstraumen so relativieren und akzeptieren wie dieses Kind!

Unbewußte Rachegelüste?

Was nicht mit dem Gewissen harmoniert, ist die Ableitung eines Freibriefes zum Negativverhalten auf Grund eines erlittenen Traumas. Doch diesbezüglich tricksen psychologisch versierte Personen gerne ihr Gewissensstimmchen aus, indem sie sämtliche Zusammenhänge für *unbewußt* erklären, etwa nach dem folgenden Muster eines authentischen Falles:

Ein junger Mann kommt nach Hause und findet seinen Vater an einem Herzanfall sterbend vor. Die auch im Haus wohnende Großmutter ist der Situation nicht gewachsen und beschimpft in ihrer Aufregung den Jungen, am Tod des Vaters mit schuld zu sein. Am Abend zuvor hat es nämlich einen kleinen Streit zwischen Vater und Sohn gegeben. Wie dem auch sei, den Jungen ärgert natürlich die Beschuldigung durch die Großmutter. Einige Tage später wird er vor einem Supermarkt verhaftet, weil er mit einem Gewehr auf eine ihm unbekannte alte Frau zielt. Angeblich weiß er nicht, was ihn zur Tat getrieben hat.

So einfach darf man es sich nicht machen! Es ist absolut unglaubwürdig, daß sich jemand ein Gewehr besorgt, vor einem Supermarkt auf die Lauer legt und schließlich auf einen Menschen zielt, ohne die geringste Ahnung zu haben, warum er dies tut, und ohne die geringste schlechte Absicht, sondern lediglich dem Diktat seines Unterbewußtseins gehorchend ... Hier wird eine billige Entschuldigung vor sich selbst produziert. Aber: „Menschliches Verhalten wird nicht von Bedingungen diktiert, die der Mensch antrifft, sondern von Entscheidungen, die er selber trifft", wie Viktor E. Frankl es ausdrückte. Sonst könnte praktisch jeder von uns unter dem Deckmantel des Unbewußten kriminelle Handlungen begehen, denn wessen Leben ist ohne Schmerzerfahrung?

Ich habe eine Frau in Beratung gehabt, bei der verschiedene Krankheiten ausbrachen, nachdem sich ihr Mann von ihr getrennt hatte und mit einer Freundin zusammengezogen war. Erst vermutete ich, daß sich das Leiden an der Trennung und am Verlust des Partners bei der Patientin in depressiven und psychosomatischen Beschwerden niederschlug, doch bald wurde ich stutzig. Sie sagte u. a. über ihren Mann: „Wenn er tot wäre, ginge es mir besser!" oder „Wenn seine Liebschaft kaputtgeht, habe ich es geschafft, dann bin ich zufrieden!" In mir stieg der Verdacht auf, daß sie ihre Krankheiten größtenteils simulierte, um bei ihrem untreuen Ehemann Schuldgefühle zu erzeugen in der Hoffnung, er werde zu ihr zurückkehren oder wenigstens ein Unbehagen verspüren, wenn er sich mit der Freundin vergnügte. Ihre Depressionen und Krankheiten waren insgeheim gegen ihn gemünzt als eine Art primitiver Rache: Er möge sehen, was er angerichtet hat! Ich zweifelte nicht daran, daß ihr dies klar bewußt war, obwohl sie es mir nie eingestehen würde, weil es ihren hysterischen Charakter aufgedeckt hätte, statt ihre Rolle als gekränkte, verschmähte Ehefrau aufrechtzuerhalten. Deswegen fragte ich die Patientin, ob sie mit ihren Krankheiten vielleicht „unbewußt" ihren Mann strafen wollte, was sie nicht von der Hand wies. Das wäre schon möglich.

Anschließend sprachen wir mehrere Stunden über das Unbewußte im Menschen. Ich erläuterte ihr, daß es neben dem triebhaft Unbewußten auch geistig Unbewußtes gibt (Frankl) und daß die Grenze zwischen bewußt und unbewußt verwischt ist, während die Grenze zwischen Triebhaftem und Geistigem scharf gezogen werden muß. Zum triebhaften Bereich zähle die Aggression, die in ihrem Fall verständlich sei, doch zum geistigen Bereich zähle die Verantwortung, von der sie deswegen keineswegs suspendiert sei. Sie möge sich also nicht auf irgendwelche Impulse aus dem Unbewußten berufen, die für diametrale Tendenzen stünden, sondern möge ihr künftiges Leben bewußt in die Hände nehmen und auf ihre autoaggressiven Rachegelüste dem Mann gegenüber freiwillig verzichten.

Die Frau war von meinen Darlegungen verblüfft, weil sie nicht den erwarteten psychologischen Praktiken entsprachen, zeigte sich aber einsichtig. Sie gab es auf, die Leidende zu spielen und ging alsbald dazu über, wieder ein normales Leben zu führen.

Besinnung statt „Betrauerung"!

Wann immer ich Patienten begegne, die das Unbewußte als Entschuldigung für das Unverantwortliche in ihrem Handeln heranziehen, gebe ich contra. Zum Beispiel habe ich einem 17jährigen straffälligen Jugendlichen, der mir vom Jugendgericht zugewiesen worden war, weil „es manchmal bei ihm aushakte", sehr ernst die Leviten gelesen. Die Schlägereien, auf die er sich einzulassen pflegte und bei denen er schon manchen Kumpel verletzt hatte, wurden von ihm achselzuckend mit den Worten kommentiert: „Wenn mir einer widerspricht, weiß ich nicht mehr, was ich tue!" Meine Aufgabe bestand darin, ihm zu verdeutlichen, daß er sehr wohl wisse, was er tue, und daß er „im vollen Bewußtsein seiner Verantwortlichkeit" zuschlagen müsse oder gar nicht, sich jedenfalls nicht hinter der

Ausrede vom Unbewußten verkriechen könne. Nachdem er diese Lektion verstanden hatte, war er bereit, alternatives Verhalten für Disputprozesse einzuüben.

Ähnlich „ungerührt" ging ich im Fall eines Patienten vor, der eine mehrjährige Primärtherapie nach dem Janovschen Urschrei-Konzept hinter sich hatte und danach eine logotherapeutische Behandlung wünschte, um von den – durch die Therapie ausgelösten! – Zwangsvorstellungen, er müsse in Untergrundbahnen und sonstigen unterirdischen Räumen laut losbrüllen, befreit zu werden. Kaum hatte sich der Mann in meinem Sprechzimmer niedergesetzt, entschuldigte er sich im voraus dafür, daß er ggf. mitten im Gespräch aufspringen und hinausrennen werde, was unter der Gewalt seiner „unbewußten Ängste" geschehe. Daraufhin gewährte ich ihm fünf Minuten Zeit, sich zu überlegen, ob er eine logotherapeutische Behandlung wolle oder nicht. Sollte er sie wollen, habe er in Ruhe sitzen zu bleiben, bis unser Gespräch fertig sei, egal, was seine „unbewußten Ängste" dazu sagen würden.

Nun, er ist sitzen geblieben, und drei Monate später kam ihm die ganze Schreierei wie ein böser Alptraum vor, von dem er sich endlich losgestrampelt hatte.

Nicht in jedem Fall empfiehlt es sich, mit traumageschädigten Personen deren Probleme zu erörtern. Damit fixiert man ihre Aufmerksamkeit an die düsteren Seiten des Lebens. Wagen wir es zur Auflockerung, mit ihnen auf das Plätschern eines Springbrunnens zu lauschen oder die Schattierungen des bunten Herbstlaubes zu betrachten, wagen wir es, mit ihnen in die Wolken zu gucken oder über die Felder zu wandern ... sie werden nicht völlig unempfänglich sein! Oder stimulieren wir sie zu einer schöpferischen Aktivität. Lassen wir sie mithelfen, eine

Blumenvase zu dekorieren, einen Verband anzulegen, Kindern Märchen zu erzählen – vielleicht springt der kreative Funke auf sie über. Und beweisen wir ihnen, daß sich zu jedem Schicksal eine Einstellung erringen läßt, die uns befähigt, würdig zu tragen, was auch kommen mag. Der menschliche Geist ist nicht zu knechten, er kann sich nur selbst unterwerfen!

Man kann mit Ratsuchenden wahrlich über andere Themen sprechen als über Betrauerbares im Topf des Unbewußten. Man kann sie mit der Sinnfrage konfrontieren. Dazu braucht man sie nur zu bitten, sich vorzustellen, ihre Lebensuhr würde innerhalb der nächsten Minuten ablaufen, und sie sollten in einer inneren Rückschau eruieren:

1) was sie für die wertvollsten Ereignisse ihres bisherigen Lebens hielten, und
2) worum es ihnen leid täte, daß es sich nicht mehr verwirklichen ließe, weil die Zeit dafür nicht mehr ausreiche.

Schon diese einfache Imagination kann das Wesentliche an Land spülen, das Sinnvolle vom Sinnlosen trennen und das Entscheidende gegenüber dem Unwichtigen wie mit einem Leuchtstift markieren. Zurückgeholt in die Gegenwart, sind die Ratsuchenden dann doch meist froh über die vielen wunderbaren Chancen, die sie noch haben, die Geschichte ihres Lebens in die Zukunft hinein neu zu diktieren.

Ist immer die Mutter schuld?

Auf der Van-Swieten-Tagung des Jahres 1969 schloß Viktor E. Frankl seinen vielbeachteten Vortrag mit der folgenden Mahnung an die anwesenden Ärzte:

... improvisieren müssen Sie auch in der Psychotherapie, nicht nur individualisieren von Mensch zu Mensch, sondern auch improvisieren von Stunde zu Stunde, und das ist eine Kunst, die Kunst der Improvisation. Und in eben diesem Maße ist Psychotherapie immer mehr als Technik, nämlich in dem sie notwendigerweise auch ein Stück Kunst in sich bergen muß; und gleichermaßen ist sie immer mehr als bloße Wissenschaft, in dem Maße, in dem sie auch ein Stückchen Weisheit in sich bergen muß; und selbst Kunst und Weisheit würden nicht kompensieren können, was reine Wissenschaft und bloße Technik nicht zu offerieren vermögen, wenn da nicht die Menschlichkeit mit in die Waagschale geworfen würde.

Ja, die Menschlichkeit muß über dem Fachwissen stehen.

Eine verbitterte Frau berichtete mir von ihren Sorgen mit ihrem 25jährigen Sohn, der ein Nichtstuer sei und auf Kosten anderer lebe, und erwähnte dabei, bei wem sie schon überall hilfesuchend gewesen war. Zuerst hatte sie sich an einen tiefenpsychologisch orientierten Berater gewandt und ihm ihren Kummer geschildert. Nach 20 teuren Sitzungen informierte dieser sie über seine Theorien. Ihr Sohn habe sich bereits im Mutterleib nicht wohlgefühlt und habe außerdem im Alter von vier Jahren einen schweren Schock erlitten, als sie – die Mutter – an Kinderlähmung erkrankte. Die nachfolgende Behinderung der

Mutter sei für ihn eine derartige „Qualitätsminderung" seiner Kindheit gewesen, daß er sich nicht mehr habe frei entwickeln können und daher als Erwachsener zu „neurotisch gehemmt" sei, um regelmäßiger Arbeit nachzugehen. Der Sohn brauche eine psychoanalytische Behandlung von mehreren Jahren, sonst werde er niemals arbeitsfähig werden. Sie, die Mutter, solle die Behandlung bezahlen, weil sie schließlich die Störungen des Sohnes verursacht habe.

Die Frau beteuerte mir, daß sie für die Behandlung des Sohnes ihre letzten Ersparnisse zusammengekratzt hätte, aber der Hinweis auf ihre Erkrankung, hinsichtlich derer sie sich noch gut erinnern konnte, wie sie trotz ihrer Schwäche alles nur Erdenkliche für ihren kleinen Sohn getan hatte, und die nun plötzlich am Problem schuld sein sollte, empörte sie so sehr, daß sie sich bei diesem Berater nicht mehr blicken ließ.

Der nächste Berater machte es kurz und bündig. Als er hörte, daß der Sohn 25 Jahre alt war, riet er der Mutter, sie solle sich in dessen Leben nicht mehr einmischen und seinen Lebensstil akzeptieren, wie er ist. Keinesfalls solle sie den Sohn finanziell unterstützen, da er auf diese Weise niemals gezwungen sein würde, selbst etwas zu unternehmen.

Die Frau fand den Ratschlag vernünftig, machte sich aber Gedanken darüber, ob ihr Sohn nicht auf die schiefe Bahn abrutschen werde, wenn sie ihm ihre Unterstützung versage, und fragte deshalb noch einen dritten Berater. Dieser dritte, ein Theologe, zeigte sich entsetzt darüber, daß sie ihr eigenes Kind „dem Schicksal überlassen wolle" und machte ihr heftige Vorwürfe, sich nicht genügend um es zu kümmern. Anscheinend liebe sie es nicht, wie es sich für eine Mutter gehöre, die nie zögern dürfe, ihren Kindern zu helfen. Den Einwand der Frau, ob sie ihrem Sohn mit einem monatlichen Scheck tatsächlich helfe oder damit lediglich seine Faulheit unterstütze, fegte der Berater vom Tisch.

„Es ist ganz gleich, was ich tue", schloß die Frau ihren Bericht, „ich bin auf jeden Fall schuld an allem. Das einzige Unglück meines Sohnes ist offenbar, daß er mich zur Mutter hat!" Bei diesen Worten rannen ihr die Tränen über die Wangen. „Sie sind die letzte Stelle, an die ich mich wende", fuhr sie unter Schluchzen fort, „zu einem fünften Berater gehe ich nicht mehr!" Zum Glück brauchte sie keinen weiteren Berater, denn nach einer intensiven Aussprache, die ich mit dem jungen Mann tätigte (der übrigens keine Spur neurotisch oder gehemmt war), begriff er, daß er seinen Lebensunterhalt nicht auf Dauer aus der mageren Geldbörse der Mutter bestreiten konnte und seinen eigenen Beitrag leisten mußte. Er hatte später noch einen „Rückfall in die Faulheit", als er in einer Metzgerei voreilig kündigte, aber dann trat er eine Arbeit in einem Selbstbedienungsladen an, in dem er „bei der Stange blieb".

Beruf „Schutzengel"

Ein beeindruckendes Beispiel der von Viktor E. Frankl geforderten Improvisationskunst spiegelt die nachfolgende Zeitungsnotiz wider, wobei es keine Rolle spielt, daß der darin genannte Polizist gewiß nicht logotherapeutisch geschult war.

Polizist rettete mehr als hundert Lebensmüde

„Schutzengel", könnte Polizist Gary Burchfield aus Seattle im US-Bundesstaat Washington als Beruf angeben. Der 36jährige hält seit sechs Jahren Lebensmüde davon ab, sich von der 50 m hohen Aurorabrücke in den Tod zu stürzen. Bisher hat er mehr als hundert Menschen durch gutes Zureden im letzten Moment gerettet.

1994 hatte Burchfield zufällig ein 16jähriges Schulmädchen und kurz danach einen verlassenen Ehemann vom Todessprung zurückgehalten. Daraufhin wurde er zum Dauerdienst an die „Selbstmörderbrücke" versetzt, von der insgesamt schon 150 Menschen in den Fluß gesprungen sind. „Er trifft einfach den richtigen Ton", erklärte Polizeichef Roy Akagen die ungewöhnliche Gabe seines Beamten. „Bisher mußte Burchfield noch niemanden mit Gewalt zurückhalten. Er spürt genau, was diese verzweifelten Menschen bedrückt, und überzeugt sie, daß ihr Leben trotz allem einen Sinn hat."

Ein Naturtalent! Gary Burchfield vermag in seinen Gesprächen an der Todesbrücke sichtlich noch eine zweite Brücke zu errichten: Die Brücke von Mensch zu Mensch. Über ihr türmt er die dritte und gewaltigste Brücke auf: Die Brücke zwischen Mensch und Logos. Wer seinen Fuß darauf setzt, fällt in keinen Abgrund mehr.

Oft erhalte ich Leserzuschriften oder Rückmeldungen zu meinen Büchern und Vorträgen, aus denen hervorgeht, daß Personen mit ähnlichen Argumenten raten, helfen und retten konnten, wie es Viktor E. Frankl in seinem Erbe niedergelegt hat, ohne daß jene Personen jemals mit seinem Gedankengut in Kontakt gekommen wären. Jedesmal bin ich stolz darauf und freue mich darüber. Denn wir dürfen annehmen, daß das wirklich Wertvolle zeitlos ist und daß sich demzufolge auch der Wertgehalt von Frankls „sinnzentrierter Psychotherapie" in gewisser Form (wenn auch unsystematisiert) im uralten Weisheitsschatz der Völker vorrätig findet. Wo ein kluges Improvisieren und Individualisieren unter den Gesetzen des gesunden Menschenverstandes und der Liebe zum Nächsten geschieht und wo die Überzeugung miteingeblendet wird, daß das Leben einen bedingungslosen Sinn hat, den es unter keinen Umständen verliert, dort ist in irgendeinem Schlupfwinkel die Logotherapie zu Hause. Wenn gar noch Elemente der Willensfreiheit und des Verantwortungsbewußtseins, der Selbstdistanzierung und Selbsttranszendenz, der Versöhnung und des Humors miteingeflochten sind, dann findet praktisch „angewandte Logotherapie" statt, ob sie diesen oder einen anderen Namen oder gar keinen trägt.

Fragwürdige Gruppentherapieformen

Die Gruppenpsychotherapie ist mehr als 200 Jahre alt. Dem Bericht eines englischen Arztes aus Paris vom Mai 1784 ist zu entnehmen[8], daß in einem schön eingerichteten Haus auf der Place Vendôme, das der fünfzigjährige deutsche Arzt Franz Anton Mesmer gemietet hatte, nie weniger als 200 Patienten auf einmal anzutreffen waren. In den Behandlungsräumen saßen jeweils bis zu 20 Patienten im Kreis um ein als „Baquet" bezeichnetes Gefäß, in

[8] Peter R. Hofstätter, in: „Die Welt", Nr. 163 vom 17. 7. 1982.

dem sich nach der Theorie des Therapeuten die im Weltall überall vorhandene magnetische Energie verdichtet haben soll, um sodann in die Körper der Damen und Herren geleitet zu werden. Diese litten an den Neurosen des ausgehenden 18. Jahrhunderts, an Melancholie, Hypochondrie und an den sogenannten „Vapeurs", dem typischen Damenleiden der Zeit mit asthmatischen Beschwerden, sowie Krampf- und Ohnmachtsanfällen. Die Magnetismus-Therapie war sehr erfolgreich; die Symptome verschwanden, nachdem die Patienten durch eine als „Krise" bezeichnete Phase intensiver psychophysischer Erregung gegangen waren. „Eingebildete Heilmittel" sind für „eingebildete Krankheiten" zweifellos goldrichtig …

Wir brauchen über diese Gruppenpsychotherapieform nicht geringschätzig zu lächeln, solange wir nicht unter Beweis gestellt haben, daß unsere heutigen Formen seriöser sind. Sind sie das? Hier ein Bericht von Frau X.

Es war ihr empfohlen worden, an einer Gruppenpsychotherapie teilzunehmen, um mit ihrer Behinderung, die sich besonders auf ihr Gehvermögen bezog, seelisch besser fertig zu werden. Die Gruppe begann mitten im Winter, und Frau X. quälte sich auf den schneebedeckten Straßen mühsam voran, um zum Ort der Gruppenzusammenkunft zu gelangen. Nachdem sie eingetroffen war und der Gruppenleiter die Teilnehmer begrüßt hatte, fragte er, ob jemand etwas sagen wolle. Frau X. faßte Mut und fragte ihrerseits, ob jemand aus der Gruppe in ihrer Nähe wohne und sie eventuell im Auto mitnehmen könne, wenn die Straßen, wie jetzt, von Schnee und Eis glatt seien. Sie habe Angst, auf dem Weg zur Gruppe zu stürzen. Spontan meldeten sich fünf Personen aus dem Kreis, die bereit waren, Frau X. künftig an jedem Gruppenabend abzuholen und wieder nach Hause zu bringen. Doch der Gruppenleiter hob eingreifend die Hand. Bevor etwas vereinbart werden könne, meinte er, mögen die fünf hilfsbereiten Personen erst ihre eigenen Motive hinterfragen: Was habe sie zu ihrer schnellen Bereitwilligkeit bewogen? Wolle der eine oder andere damit seine Macht demonstrieren bzw. seine Unterlegenheitsgefühle überspielen? Oder sei es jemandem lästig, eine behinderte Frau in der Gruppe zu haben, deren Anblick an die Hinfälligkeit des Lebens gemahne, und wolle er dieses Gefühl – dessen er sich schäme – mit Hilfsbereitschaft kompensieren? Oder fühle sich einer der Männer von der Frau unbewußt erotisch angezogen?

Bald war die Gruppe in ein heißes Spekulieren über heimliche und uneingestandene Beweggründe von Freundschaftsdiensten vertieft. Als Fazit zogen am Ende des Gruppenabends alle fünf Personen ihr Angebot an die behinderte Frau zurück, weil sie sich ihrer „wahren" Beweggründe nicht mehr sicher waren. Die Frau mühte sich allein nach Hause und weinte bitterlich über die entwürdigende Debatte, die ihre Bitte ausgelöst hatte. Sie ist nicht mehr zur Gruppe gegangen.

Weil solch traurige Vorkommnisse keine Einzelfälle sind, mahnte Viktor E. Frankl:

Das Entlarven ist durchaus legitim. Aber es muß innehalten, wo der „entlarvende Psychologe" auf etwas Echtes, auf das echt Menschliche im Menschen stößt, das sich eben nicht mehr entlarven läßt. Hält er auch dort nicht inne, dann entlarvt er nur noch eines, nämlich sein eigenes unbewußtes Motiv, das Menschliche im Menschen herabzusetzen und abzuwerten.

Das heißt, die Spontanbereitschaft zu helfen, kann echter sein als sämtliche psychologischen Funde einer nachträglichen krampfhaften Suche nach hintergründigen Motiven! Mit hoher Wahrscheinlichkeit sind Lachen, Freude oder der simple Wunsch, jemandem beizustehen, keine Umkehrungen unerkannter Perversionen bzw. Symptome verborgener Komplexe, sondern genau das, was sie sind. Wer sie von vornherein als „unecht" deklariert, entwertet „höhere Motive" zu „niedrigeren". Er „kränkt" den Menschen.

Die logotherapeutische Meditationsgruppe

Die Franklsche Logotherapie beschreitet in bezug auf die Gruppenpsychotherapie andere Wege. Es geht ihr nicht um ein Hervorkitzeln und Begutachten verdeckter Emotionen, sondern um horizonterweiternde Gedankenspaziergänge auf philosophischen Wegen. Die Patienten werden einer psychohygienisch gesunden Lebensphilosophie zugeführt, ohne daß ihre persönlichen Glaubenskonzepte dabei angetastet würden. Eine positive, lebensbejahende Philosophie sowie ein fester Glaube sind ja des Menschen Rückgrat und Rückhalt, vor allem in sorgenvollen Zeiten. Sie tragen, halten und schützen auch dann noch, wenn ringsum alles zusammenbricht.

Nun hat es die Logotherapie insofern leicht, als es kaum eine andere psychotherapeutische Richtung gibt, die so viele philosophische Elemente enthält wie sie. Ich erwähnte schon, daß sie praktisch konkordant ist mit dem alten Weisheitsschatz der Menschheit, wie er uns in

Fabeln, Legenden, Gleichnissen und Gedichten gegenübertritt, immer wieder auf rechte Haltungen, kühne Ideale und schlichte Einfachheit verweisend. Gelingt es in den Gruppengesprächen, einige solcher „philosophischen Edelsteine" einzusammeln und zu einem gemeinsamen „Schmuckstück" aneinanderzureihen, bleibt der psychologische Erfolg nicht aus. Die Teilnehmer gewinnen an Gelassenheit, Zufriedenheit und Stabilität. Sie leben sinnvitaler und lassen manches los: Veraltetes, Überflüssiges, Störendes. Wer losläßt, hat die Hände frei! Dafür verankern sie anderes in ihren Herzen, das sie fortan begleiten soll: Dankbarkeit, Güte, Respekt.

Hier ein paar Mustertexte aus dem genannten Weisheitsschatz, die in logotherapeutischen Meditationsgruppen Verwendung finden:

Es gibt keinen schöneren
aber auch keinen schicklicheren
Rahmen um einen großen Schmerz
als eine Kette von kleinen Freuden,
die man anderen bereitet.

(Friedrich Schleiermacher)

Ich weinte, weil ich keine Schuhe hatte,
bis ich einen Mann traf,
welcher keine Füße hatte.

(Helen Keller)

Die Menschen, denen wir eine Stütze sind,
die geben uns Halt.

(Marie v. Ebner-Eschenbach)

Auch aus Steinen, die einem in den Weg
gelegt werden, kann man Schönes bauen.
(Johann Wolfgang v. Goethe)

Leuchtende Tage …
weine nicht,
daß sie vorüber,
sondern lächle,
daß sie gewesen.
(Immanuel Kant)

Von einem alten chinesischen Kaiser wird berichtet,
daß er das Land seiner Feinde erobern
und sie alle vernichten wollte.
Später sah man ihn mit seinen Feinden
speisen und scherzen.
Wolltest du nicht die Feinde vernichten?
fragte man ihn.
Ich habe sie vernichtet,
gab er zur Antwort,
denn ich machte sie zu meinen Freunden.
(Johannes Tauler O. P., mittelalterlicher Mystiker)

Wer weiß, daß es Meditationsformen gibt, bei denen sinnlose Silben wieder- und wiedergekäut werden, um den Meditierenden zu helfen, innerlich „leer" zu werden, kann im Vergleich dazu vielleicht ermessen, um wieviel fruchtbarer es ist, ihnen zu helfen, innerlich „voll" zu werden, nämlich voll an guten Gedanken. Es gibt keine bessere Rückfallprophylaxe als diese.

Nicht frei *von,* sondern frei *zu* etwas

Wie frei ist der Mensch? Wenn wir den Existenzphilosophen glauben, ist der Mensch relativ frei; ist er sogar in seine Freiheit „hineingeworfen" und ihr ausgeliefert. Wenn wir den Tiefenpsychologen glauben, ist der Mensch nahezu gänzlich unfrei, von seinen biopsychischen Fundamenten und seiner sozialen Umwelt abhängig und ihnen ausgeliefert. Gibt es zwischen den Extremen einen goldenen Mittelweg? In der Tat gibt es ihn in den Franklschen Schriften, in denen sich Philosophie und Psychologie zu einem erstklassigen Lehrgebäude der Humanwissenschaften verbinden. Demnach ist der Mensch frei, aber nicht frei *von* etwas, sondern frei *zu* etwas. Das Freisein *von* etwas entpuppt sich gewöhnlich als reine Illusion, wohingegen das Freisein *zu* etwas unsere menschliche Verantwortung begründet. Diese Differenzierung soll an Hand eines Fallbeispieles erläutert werden.

Eine junge Studentin war bei mir zur Beratung und weinte. Der Studienplatz, um den sie sich beworben hatte, war ihr verschlossen geblieben. Der Freund hatte sich von ihr abgewandt und eine andere Liebschaft angefangen. Der Vater mußte zur zweiten Krebsoperation ins Krankenhaus. Das Geld war knapp. Ob es an ihr lag, daß alles so schief lief? Ob sie die Psychopharmaka nehmen sollte, die ihr der Hausarzt aufgeschrieben hatte? An dieser Stelle bremste ich ihren Redefluß, denn hier wurden offenbar beide „Sorten" von Freiheit miteinander verwechselt.

Wie gerne junge Menschen auch frei sein möchten, am liebsten frei von allen Banden, so sind sie es doch nicht. Im Gegenteil, gerade ihr heftiger Drang nach Freiheit erzählt von einer noch relativ starken Beeinflußbarkeit durch äußere Umstände. Je unüberlegter sie sich von den Bildern ihrer Herkunft und den Normen der Gesellschaft losstrampeln wollen, desto mehr verstricken sie sich oft in ein Netz frischer Abhängigkeiten. Der Mensch ist nicht frei von seinen Bedingungen – dieser Wermutstropfen muß mit zunehmender Reife irgendwann geschluckt werden. Es wäre Illusion zu glauben, man könnte sich ihm durch veränderte Lebensformen entziehen. Keine wie immer geartete Lebensform erlaubt die Flucht vor körperlichen, psychischen oder sozialen Bedingungen, nicht einmal ein Eremitendasein, das auch seine Spielregeln hat, gegen die nicht verstoßen werden darf.

Diese Erkenntnis wurde nun sehr schmerzlich von jener jungen Studentin gemacht, die sich Schicksalsfaktoren gegenüber sah, die nicht in ihrer Hand lagen. Wirtschaftliche und gesellschaftliche Umstände wie die Vergabe von Studienplätzen stehen nicht in der Macht des einzelnen, und genauso wenig steht ihm ein Anrecht auf glückliche Fügungen wie Liebe und Gesundheit zu. Nicht nur das. Selbst wenn sich eine bestimmte Schicksalsentscheidung als erzwingbar erwiese, würden dennoch ihre Folgen neue Unfreiheiten mit sich bringen, die wieder neue Ohnmachtsbereiche des Menschen abstecken würden. Ein Studienplatz, den man erhalten hat, befreit nicht von der kontinuierlichen Notwendigkeit, den fortschreitenden Studienanforderungen zu genügen; eine Freundschaft, die hoffnungsvoll beginnt, garantiert keinen gleichbleibend positiven Verlauf; und eine Gesundheit, die gegenwärtig besteht, ist kein Freibrief zum ewigen Leben.

Was war somit der jungen Frau zu raten? Sie möge, statt an sich selbst zu zweifeln, die Illusion aufgeben, sie könne dem Zugriff des Schicksals entgehen, im Erfreulichen wie im Unerfreulichen. Was sie erlebe, sagte ich zu ihr, sei eine verhängnisvolle Verkettung von unerfreulichen Ereignissen, aber das bedeute nicht, daß nicht auch wieder einmal erfreuliche Zufälle in ihrem Leben geschehen würden, und zwar ebenfalls ohne ihr Zutun und ihr Verdienst. Ihr Part sei es nicht, über die unfreien Belange ihres Lebens Rechenschaft abzulegen, und schon gar nicht, die Illusion einer Freiheit *von* Bedingungen durch eine noch gefährlichere Illusion zu stützen: durch die Illusion, sich über Drogen und Tabletten „freikaufen" zu können. Ihr Part sei es vielmehr, zu allen unfreien Belangen ihres Lebens *frei Stellung zu nehmen*, indem sie verantwortlich darauf reagiere.

Wahl und Verantwortung

In der Logotherapie richten wir unser Augenmerk auf das Freisein *zu* etwas, und bei dieser Blickwende öffnet sich stets ein weites Feld, wo soeben noch Mauern der Bedingtheit emporragten. Vor der menschlichen Freiheit der geistigen Einstellung muß sogar das Schicksal „kapitulieren". Denn es gibt – ein waches menschliches Bewußtsein vorausgesetzt – keine inneren oder äußeren Umstände, auf die nicht in verschiedenster Weise reagiert werden kann. Die Ohnmacht bezüglich des Auftretens solcher Umstände wird aufgehoben durch eine Macht der Wahl bei der Beantwortung dieser Umstände! Wo es aber eine Wahl gibt, gibt es eine gute oder schlechte Wahl, eine sinnvolle oder sinnwidrige, eine vernünftige oder unvernünftige ... Im Sog der Freiheit, wählen zu dürfen, wie auf Unfreiheiten reagiert wird, schwimmt die Verantwortung für das

Gewählte mit. So sehr die Freiheit *von* Bedingungen daher eine illusionäre ist, so sehr ist die Freiheit *zur* Stellungnahme eine verantwortungsvolle.

Was bot sich meiner jungen Studentin nach der Blickwende dar? Vor ihr lag das weite Feld der unterschiedlichen Möglichkeiten, wie sie ihre Situation bewerten konnte. Nach einer Phase des Abwägens wählte sie als erstes die Möglichkeit, zwischen dem unerreichbaren Studienplatz und der Krankheit ihres Vaters einen gedanklichen Bogen zu spannen. Ein langes Studium von ihr würde der Vater voraussichtlich nicht mehr bis zum Studiumsende erleben. Es sei aber sein größter Wunsch, sie einigermaßen gesichert und versorgt zu wissen, was bei einer baldigen Arbeitsaufnahme durch sie der Fall wäre. Wobei sich auch die Geldnöte reduzieren würden. Ob sie dann zeitlebens dem Studium nachweinen würde? Sie überlegte sich diese Frage, doch das Bewußtsein der Verantwortlichkeit für ihre freie Entscheidung hielt sie von einer Bejahung ab. Ein endloses Nachweinen kam ihr sinnlos vor. Vielleicht ließ sich das persönliche Interesse am Fachgebiet als Freizeithobby ausbauen, im Selbststudium, ja eventuell auf dem Weg über eine Fernuniversität? Die Vorstellung, dem Schicksal doch noch „ein Schnippchen zu schlagen", hatte einen gewissen Reiz für sie, und die letzten Tränenspuren verblaßten auf ihrem Gesicht.

Trotzdem mußte um eine weitere geistige Einstellung gerungen werden, eine schwierige: die Einstellung zum Verlust des Freundes, der ihr untreu geworden war. Hatte sie ihn innig geliebt? Ja, das hatte sie. Und er, hatte er sie auf vergleichbare Weise geliebt? Sollte sie sich belügen? Nein, die Verantwortlichkeit ihrer eigenen freien Entscheidung ließ sie davor zurückschrecken, ein sinnloses Traumgespinst zu weben: Seine Liebe war nicht tragfest gewesen. Mutig hob sie den Kopf. „Ich bin traurig", erklärte sie, „aber ich wäre noch viel trauriger gewesen, wenn unsere Beziehung länger angedauert hätte und eines Tages doch zerbrochen wäre." Eine kluge Einstellung, die sie sich ausgesucht hatte!

Wir sehen, die junge Frau hat sich gewandelt. Von einem hilflosen „Opfer ihres Schicksals" ist sie auf geistigen Treppen emporgestiegen zu einer aktiven „Mitgestalterin ihres Schicksals", was schließlich das Ziel jeder guten psychotherapeutischen Intervention ist. Bei unserer Verabschiedung hatte sie verstanden, daß sie nicht frei *von* den Schiedssprüchen universitärer Behörden, dafür frei *zum* Start einer beruflichen Karriere war. Daß sie nicht frei *von* der Zurückweisung durch ihren Freund, dafür frei *zur* Einsicht war, er wäre der falsche Partner gewesen. Und daß sie nicht frei *von* der Angst um ihren Vater, dafür frei *dazu* war, ihm einen Herzenswunsch zu erfüllen. In dem Maße, in dem sie einen illusionären Freiraum aufgab, um in einen verantwortungsvollen Freiraum überzuwechseln, in dem Maße fand sie ihre seelische Ausgeglichenheit wieder, fand sie zu sich selbst.

Ziehen wir daraus den Schluß, daß das Phänomen der Freiheit des Menschen mißverständlich und gleichzeitig faszinierend ist. Als Naturgeschöpf unter den Geschöpfen der Erde ist der Mensch in eine kosmische Ordnung integriert, die er nicht zu durchschauen vermag; ist er unentrinnbar verflochten mit den Geschehnissen seiner Zeit und seiner Welt. Als ein Wesen jedoch, in dem sich vor Jahrtausenden der geistige Funke entzündet hat, ist er aufgerufen, zur Undurchschaubarkeit und Ausgeliefertheit seiner Existenz Stellung zu beziehen, und zwar eine je frei gewählte im Rahmen eines verantwortlichen Lebens.

Eine umgeschriebene Autobiographie

Mitunter werden autobiographische Niederschriften angeregt, um heilsame Um- und Neuorientierungen bei Patienten in Gang zu bringen. Dabei kommt es nicht darauf an, daß sie sich ihren Kummer „von der Seele schreiben", sondern darauf, daß sie sich mit dem „Logos", der hinter und über ihrem Kummer steht, auseinandersetzen. Nichts Krankheitsverursachendes („Warum?") soll in ihr Leben hineingelesen werden, sondern das mit ihren Erfahrungen „Gemeinte" (Sinn als das jeweils „Gemeinte", als das „Wozu?") soll herausgelesen werden. Logotherapeutisch werden die Patienten dabei befragt, in welchem Geist, mit welcher Haltung und in Richtung welcher Aussagen sie ihren Text verfassen. Als Dokument der eigenen Resignation? Zum Loswerden des eigenen Grolls? Oder als Widerschein der eigenen Suche nach Sinn im Leid? Oder gar als heroische Stellungnahme zu Unabänderlichem?

Für viele Patienten ist eine geleitete Niederschrift ihrer Lebensgeschichte der Prozeß einer Bilanzziehung, die realistisch genug ist, um Wahres wahr bleiben zu lassen, und die dennoch idealistisch genug ist, um der Versöhnung mit der Wahrheit eine Chance zu geben.

Überaus beeindruckend fiel der Text einer meiner Patientinnen aus, die bereits vor Aufnahme unserer Gespräche eine autobiographische Skizze verfaßt hatte und diese später völlig umschrieb. Dieselbe Geschichte las sich schlagartig anders. Zur Demonstration seien (mit ihrer Erlaubnis) zwei Textfragmente daraus abgedruckt: eines von „vorher" und eines von „nachher".

Textfragment 1 (Ausschnitt aus der vor Beginn der Therapie verfaßten Niederschrift der Patientin):

„Meine Mutter wollte mich in einem stümperhaften Selbstversuch mittels Häkelnadel abtreiben, aber es ist ihr nicht gelungen. Mein Bruder war schrecklich eifersüchtig auf mich, als ich geboren wurde. Er muß mich gehaßt haben, denn er ließ einmal, als er auf mich aufpassen sollte, den Kinderwagen, in dem ich lag, eine Böschung hinabrollen. Der Kinderwagen kippte um, ich fiel heraus und prellte mir eine Schulter. Auch bin ich als kleines Kind im Eis eines Teiches eingebrochen und nur in letzter Minute von Spaziergängern herausgezogen worden.

Ich war immer allein, niemand spielte mit mir. Meine Mutter arbeitete auf dem Feld, an meinen Vater erinnere ich mich nicht. Deshalb war ich oft bei einer Nachbarsfamilie. Das war eine richtig intakte Familie. Dort stand mittags das Essen auf dem Tisch und zu Weihnachten ein geschmückter Baum in der Ecke, was mir bald klar machte, wie anders es bei uns zuging.

Wie wenig meine Mutter von mir wußte, zeigt folgende Begebenheit: Mein Bruder und ich schlichen abends heimlich aus dem Haus, um durch ein Gasthof-Fenster die Erwachsenen beim Kartenspiel zu beobachten. Knapp bevor die Mutter heimkam, rannten wir schnell zurück und krochen samt den Kleidern und Schuhen in unsere Betten, wo wir uns schlafend stellten. Die Mutter merkte es nicht.

Als Spielsachen mußten die Produkte des Landes genügen, z.B. Steine und Blumenkränze. Ich war jeden Tag draußen im Freien, wenn das Wetter einigermaßen gut war, mir selbst und meinen Gedanken überlassen ..."

Dieser Text gibt die Wahrheit wider, ohne etwas zu beschönigen. Doch nicht die *ganze* Wahrheit. Zur Wahrheit gehört wesentlich mehr: der Sinn- und Wertgehalt des Erlebten, der bejahungswürdige Teil der Geschichte, das Stückchen Gnade, das allerorts waltet. Dieses „mehr" an Wahrheit wurde in unseren gemeinsamen Gesprächen herausmodelliert. Danach schrieb die Patientin ihre Geschichte um.

Textfragment 2 (Ausschnitt aus der nach der Therapie verfaßten Niederschrift der Patientin):

„Ich kam als gesundes Baby auf die Welt und blieb trotz mancher körperlicher Gefährdung gesund. Anscheinend hatte ich als Kind einen besonderen Schutzengel, der über mir wachte und achtgab, daß ich mir etwa bei einem Sturz aus dem Kinderwagen nicht das Genick brach oder daß ich beim Durchbrechen der Eisdecke des Teiches gerade noch rechtzeitig aus dem Wasser gezogen wurde.

Obwohl meine Mutter arbeitsmäßig überlastet war, fand ich liebe Bezugspersonen in einer Nachbarsfamilie und lernte dort ein trautes Familienleben kennen, an dem ich wiederholt teilnehmen durfte. Auch in meinem Bruder fand ich nach anfänglichen Eifersüchteleien einen Kumpanen und Verbündeten, mit dem zusammen ich allerlei Streiche ausführte. Großen Spaß hatten wir daran, hie und da unsere übermüdete Mutter zu überlisten.

Das Schönste aber war das herrliche Naturparadies, das uns zum Spielen zur Verfügung stand und uns unsere

Armut vergessen ließ. Wir brauchten keine künstlichen Spielsachen, uns ‚gehörte' das weite Land mit seinen Schätzen, das ich tagelang durchstreifte, wobei ich eine tiefe Liebe zur Natur entwickelte und eine Freiheit genoß, um die mich jedes Stadtkind beneidet hätte ..."

Ich glaube, wir dürfen diese Patientin wirklich beneiden. Nämlich beneiden um das innere Wachstum, das sie zwischen Text 1 und Text 2 vollzogen hat!

In den Müll gewanderte Schlaftabletten

Die Logotherapie unterscheidet sich von der Richtung des „Positiven Denkens", indem sie stets das Ganze betrachtet, das Positive und Negative, das „holon", das eben auch das „Heile" bedeutet. Sie vermittelt dem Patienten: Du bist *gewollt* – wenn auch vielleicht nicht von deinen Eltern. Du bist *gesollt* – denn sonst wärest du nicht hier. Und du wirst *gebraucht* – dein Beitrag ist wichtig!

Jeder Mensch trägt zum Geschehen der Welt bei, auf jeden kommt es an. Wenn von hoffnungslosen oder aussichtslosen Fällen gesprochen wird, muß die Gegenfrage gestellt werden: Hoffnung worauf? Aussicht auf was? Auf ein langes, angenehmes und gesundes Leben? Dann allerdings mögen viele Menschenleben hoffnungslos und aussichtslos erscheinen, aber auch nur dann. Wenn es jedoch um die Hoffnung und um die Aussicht geht, noch einen sinnvollen Beitrag zum Geschehen der Welt zu leisten, ist kein einziges Menschenleben hoffnungs- oder aussichtslos.

Interessanterweise kann der sinnvolle Beitrag eines Menschen auch im Nichttun von etwas bestehen; denn wir wirken in die Welt durch das, was wir tun, und durch das, was wir nicht tun.

Mit einem alten behinderten Mann, der mich fragte, warum er sein mühseliges Leben nicht mit Hilfe einer Überdosis von Schlaftabletten abkürzen solle, zumal er sowieso für niemanden mehr von Nutzen sei, habe ich dies einst in spielerischer Form durchdacht. Ich argumentierte ungefähr so: „Nun ja, nehmen wir an, Sie begehen Selbstmord. Man schöpft Verdacht, bricht Ihre Wohnungstüre auf und findet Sie. Die Nachbarin erfährt es, der Briefträger erfährt es, die Angestellten im Lebensmittelgeschäft, wo Sie einkaufen gehen, hören davon. Wahrscheinlich steht eine kleine Notiz in der Lokalzeitung. Und natürlich ereilt die Nachricht Ihre beiden entfernt wohnenden Söhne, die den Schock mit Bekannten teilen. Lassen wir es rund 60 Personen sein, die mehr oder weniger berührt zur Kenntnis nehmen, daß sich wieder einmal jemand umgebracht hat. Können Sie mir garantieren, daß nicht einer unter ihnen ist, ein einziger, der sich gerade in einer äußerst mißlichen Lebenslage befindet? Der fast am Verzweifeln ist, an der Kippe zur Lebensverwerfung? Und können Sie mir garantieren, daß dieser eine durch die Information über Ihren Freitod, die er zufällig liest oder erzählt bekommt, nicht angeregt wird, es Ihnen gleich zu tun? Einer, der vielleicht in zwei Monaten die gegenwärtige Krise bewältigt hätte, der sich gefangen und das Ja zum Leben zurückerobert hätte, wenn da nicht zufällig diese Information über Sie gewesen wäre?"

Der alte Mann gestand ein, mir keine derartige Garantie geben zu können. Darum fuhr ich fort: „Sie haben mir gesagt, daß Sie für niemanden mehr von Nutzen seien, aber ich bitte Sie: Retten Sie jenen möglichen einen, für den es entscheidend sein kann, daß er nicht in einer Minute der Schwermut zur Resignation verführt wird! Wer weiß, für wen auch jener eine gebraucht wird, wofür er wichtig ist? Vielleicht steht jener eine in zehn Jahren an einer dicht befahrenen Straße, und neben ihm rollt ein Ball auf die Straße, und hinterher läuft ein Kind, ohne auf den Verkehr zu achten. Aber weil der eine da steht, zum richtigen Zeitpunkt am richtigen Ort, kann er das Kind noch rechtzeitig am Kragen packen und vor einem vorüberdonnernden Laster zurückreißen. Wollen Sie behaupten, daß es ausgeschlossen ist, daß dergleichen geschehen könnte?"

Der alte Mann wollte es nicht behaupten. „Dann aber", betonte ich, „haben Sie schon zwei Menschen gerettet, zwei Menschen, bloß dadurch, daß Sie auf eine Abkürzung Ihres zugegebenermaßen schweren Lebens verzichten. Ist das nichts? Soll ich in unserem Gedankenspiel fortfahren? Soll ich Ihnen aufzählen, wofür es möglich ist, daß jenes Kind gebraucht wird, das nur am Leben bleiben wird, wenn einer an einer bestimmten Verkehrsstraße zur Rettung bereit steht? Vielleicht wird es, wenn es erwachsen ist, ein großer Forscher werden, der ein Heilmittel gegen eine schreckliche Krankheit entdeckt ..."

„Ich habe schon verstanden", unterbrach mich der alte Mann, und in seinen Augen blitzte es schalkhaft, „von mir hängt das Wohl der Menschheit ab!" Wir lachten beide, aber es war ein Lachen über eine Wahrheit, die ungemein ernst ist. Die vom Mann gesammelten Schlaftabletten wanderten in den Müll.

Das Konto der sterbenden Frau

Tatsächlich hängt von jedem das Wohl der Menschheit mit ab, wie die Qualität einer tausend Kilometer langen Fernstraße von jedem Quadratmeter Beton abhängt, aus dem sie gebaut ist. Wehe, wenn ein Quadratmeter Beton auf der Straße fehlt, wenn statt dessen ein Loch vorhanden ist – die Straße kann zur Todesfalle werden. Auf ähnliche Weise fehlt jede unverwirklicht gebliebene Sinnmöglichkeit eines menschlichen Lebens in der Schöpfungsgeschichte; diejenige, die in einem Tun bestanden hätte, und diejenige, die in einem Nichttun bestanden hätte.
Wer arm ist und *nichts* im Kaufhaus stiehlt, hilft mit, daß Kaufhausdiebstahl nicht zunehmend zum „Kavaliersdelikt" wird. Wer ein Leiden durchzustehen hat und *nicht* den Lebensmut verliert, hilft mit, daß andere Menschen ihren Lebensmut behalten. Schon das Nichtzufügen und Nichtweitergeben von Leid ist eine Leistung und insbesondere eine Aufgabe, die demjenigen zufällt, dem man ein solches Zufügen und Weitergeben aus schwerwiegenden Gründen zubilligen würde. Er kann wie sonst keiner beweisen, daß es auch ohne geht.

Daß in jeder Lebensphase bis ins Sterben hinein Gutes bewirkt werden kann und also das Wohl der Menschheit – in Miniausschnitten – von jedem, sogar noch von einem Sterbenden, abhängt, möchte ich mit einem bewegenden Erlebnis aus meiner eigenen Lebensgeschichte dokumentieren. Es offenbarte mir, wie wenig es uns zusteht, über den Sinn ausklingender Lebenszeit Schwerstkranker zu urteilen.

Ich hatte in meiner psychotherapeutischen Praxis eine Frau mittleren Alters kennen gelernt. Eines Tages erkrankte sie an einer fortschreitenden Muskellähmung, die nicht aufzuhalten war und sich rasch verschlimmerte. Ich begleitete sie, und im gemeinsamen Suchen nach Akzeptanz des Unabänderlichen wuchs die menschliche Nähe zwischen ihr und mir. Schließlich lag sie im Krankenhaus auf „Endstation", und es kam der Tag meines letzten Besuches. Sie konnte sich nicht mehr bewegen und kaum noch sprechen. Als ich mich über sie beugte, flüsterte sie mir ein paar Worte zu. „Ich habe ein Konto für Sie eröffnet", hauchte sie, „ein Konto bei unserem Herrgott. Darauf zahle ich Gebete für Sie ein." Das Sprechen strengte sie ungemein an, und ich schwieg vor lauter Ergriffenheit. Nochmals raffte sie sich zum Sprechen auf: „Wenn Sie einmal in Not sind, in großer Not, dann heben Sie von diesem Konto ab ..."

Die Frau starb, und mein beruflicher Alltag ging weiter. Eine Zeitlang dachte ich noch an sie zurück, aber bald war ich von den aktuellen Anforderungen der Gegenwart so stark beansprucht, daß mir ihre Worte entglitten. Ich vergaß sie.

Zwei Jahre später fand mein Erlebnis seine Fortsetzung. Es war an einem Herbstabend bei uns zu Hause. Mein Mann und ich warteten auf unseren damals 12jährigen Sohn, der von seiner Violinstunde zurückkehren sollte. Die Zeit verstrich, und er kam nicht. Wir warteten und unsere Sorge stieg, wie es allen Eltern ergehen würde, deren Kinder sich abends nicht pünktlich einfinden. Mein Mann versuchte beim Konservatorium anzurufen, aber dort war schon geschlossen. Was sollten wir tun? Wir erwogen verschiedene Aktionen, doch letztlich schien es uns am vernünftigsten, daheim zu bleiben. Auch hofften wir immer noch auf eine harmlose Erklärung der Verspätung unseres Sohnes. Diese Hoffnung erfüllte sich nicht. Es läutete, und aus der Sprechanlage ertönte eine Stimme: „Hier spricht die Polizei. Bitte öffnen Sie!"

Wir wohnten damals in einem Hochhaus im 6. Stock, weswegen die Beamten vom Öffnen des Haustores an über das Herbeiholen des Aufzuges und die Fahrt in den 6. Stock einige Zeit benötigten, um zu unserer Wohnung zu gelangen. Gewiß handelte es sich nur um wenige Minuten, aber jene Zeitspanne, in der mein Mann und ich an der Wohnungstüre standen und der Nachricht harrten, die uns gebracht werden würde, dünkte mir unendlich lang. Das kalte Entsetzen packte mich und wollte mir das Herz abdrücken. Der Boden unter meinen Füßen verlor seine Festigkeit, die Angst verschlug mir den Atem. Da tauchten aus den tiefsten Schichten meines Bewußtseins die ehemaligen Worte der todgeweihten Frau auf, und ich dachte mir: „*Jetzt* hebe ich vom Konto ab, alles, was darauf ist, jetzt rufe ich die ganze Gnade ab, die ein fremder Mensch für mich erbeten hat!" In derselben Sekunde war ich innerlich wieder gefaßt. Die Angst war nicht verschwunden, aber ich konnte sie ertragen. Ich konnte dem ins Gesicht sehen, was auf uns zukam; der Boden unter meinen Füßen stand wieder fest.

Die Geschichte hat glücklicherweise ein „happy end", denn unser Sohn war zwar von einem Auto angefahren worden, hatte jedoch nur einen offenen Schienbeinbruch davongetragen, der innerhalb eines Vierteljahres ausheilte.

Das persönliche Erlebnis hat mir eine wichtige Einsicht beschert. Blenden wir auf die Situation der Frau im Krankenhaus zurück, wie ich sie seinerzeit angetroffen hatte: bewegungsunfähig daliegend, ohne Hoffnung auf Besserung. Genaugenommen hatte die Frau noch solange ausharren müssen, bis ihre Lähmung lebensnotwendige Funktionen erreicht hatte. Hätte man nicht geneigt sein können, ihrem Leben jeglichen Sinn abzusprechen? Hätte man nicht in Versuchung geraten können, ihr jämmerliches Dasein als nutzlos und überflüssig einzustufen? Wären wir nicht verlegen verstummt, wenn uns jemand gefragt hätte, was gegen eine Abkürzung ihrer Leiden spräche, ähnlich, wie es der alte Mann aus der vorhergehenden Fallgeschichte hat wissen wollen?

Dennoch ist diese (überflüssige?) Frau trotz ihrer immens eingeschränkten Bedingungen imstande gewesen, mir ein Geschenk darzubringen, das zwei Jahre später noch nachgewirkt und mir in einer extremen seelischen Notlage echte Hilfe gewährt hat.

Ich will gar nicht spekulieren, daß dank ihrer Gebete eine göttliche Kraft meinem Sohn an seinem Unfallort beigestanden hat – wer dürfte sich in solch metaphysische Höhen wagen? –, aber was ich bestätigen möchte, ist, daß die selbstlosen Abschiedsworte der Frau eine positive Ausstrahlung sondergleichen besessen haben, die nicht vergangen ist und vielleicht heute noch den Leser tröstlich stimmen wird, wie sie mir selbst in einem bedeutsamen Augenblick meines Lebens das Urvertrauen zurückgewann.

Woraus mag die Frau die Kraft geschöpft haben, statt mit ihrem Schicksal zu hadern und zu klagen, sterbend segensreich zu wirken? Hat sie auf das kleine Stückchen Himmel über den Ruinen ihres Daseins geblickt, bezüglich dem Viktor E. Frankl schrieb: „Wie oft sind es erst die Ruinen, die den Blick freigeben auf den Himmel"? Hat sie dort, in leuchtenden Lettern eingebrannt, entziffert, daß wahrhaftig jedes Menschenleben Sinn hat, und sei es noch so elend?

Ich glaube, so war es.

Ein echtes Ja sagen können

Der Mensch ist als erstes Wesen in der Evolutionsgeschichte zum Jasagen befähigt. Mit dieser Fähigkeit hat es eine spezielle Bewandtnis. Sie ist nicht einfach die Umkehrung der Fähigkeit, Nein sagen zu können, sondern gewissermaßen ihre Voraussetzung. Denn so, wie der Schatten an sich nicht existiert, sondern nur in Kombination mit der Sonne, nämlich als deren nicht-sonnige Variante, und so, wie der Widersinn an sich nicht existiert, sondern nur in Kombination mit dem Sinn, nämlich als dessen gegenläufige Variante, so existiert ein Nein auch nicht an sich, sondern stets nur als ein Nein zu dem durch ein Ja Exkludierten. Das Nein ist eine Aussparung. Wenn ich zu einem Vortrag, den ich halte, Ja gesagt habe, habe ich zugleich Nein gesagt zu allem anderen, das ich zur selben Zeit hätte tun können. Wenn ich zu meinem Beruf Ja gesagt habe, habe ich zugleich Nein gesagt zu sämtlichen anderen Berufen, die ich auch hätte erlernen können. Das Nein betrifft den Rest der Möglichkeiten, nachdem ich zu einer Möglichkeit Ja gesagt habe. Das Ja geht folglich dem

Nein voraus, wie die Sonne dem Schatten und der Sinn dem Widersinn vorausgeht. Und wie die Fähigkeit, Ja zu sagen, der Fähigkeit Nein zu sagen vorausgeht.

Wir beobachten diese Zusammenhänge bei seelisch kranken und angeschlagenen Menschen in zweierlei Hinsicht. Zum einen sind diejenigen, die *nicht* Nein sagen „können", diejenigen, die auch kein aufrechtes Ja zustande bringen. Es handelt sich um Personen, die fast jeder an sie herangetragenen Bitte nachkommen, weil sie die Ablehnung scheuen, die aber nichts vom Erbetenen innerlich mittragen mit der Konsequenz, daß sie früher oder später unter der Last des Zwiespaltes niederbrechen. „Unbejahtes Tun" (von ihnen selbst unbejaht!) ist typisch für unreife und neurotische Menschen. Im Kontrast dazu ist „unbedanktes Tun" (seitens anderer nicht bedankt!) u.a. charakteristisch für reife Menschen, die sich an ihrer eigenen Gewissensstimme orientieren, ungeachtet etwaiger Zufriedenheitsäußerungen durch ihre Mitmenschen.

Zum anderen sind diejenigen, die *nur* Nein sagen „können", diejenigen, die in einem Weder-ja-noch-nein-Zustand verharren, also nicht einmal ein aufrechtes Nein zustande bringen. Wer beispielsweise studieren möchte, aber nur weiß, welche Studienfächer für ihn nicht in Frage kommen, dem fehlt für einen glückenden Studienverlauf das echte Ja zu einem Fach seines Interesses, und zum geglückten Absprung in den Beruf das echte Nein zum Studium; er hängt „zwischen allen Stühlen".

Deshalb ist es ein großes Anliegen der Logotherapie, die Fähigkeit des Menschen, Ja zu sagen, zu stärken. Eine Fähigkeit, die das Fundament für ein grundsätzliches „Ja zum Leben" bildet und notfalls für ein „trotzdem Ja zum Leben". Das führt allerdings zur Frage, wie bejahungswürdig Leben überhaupt ist? Wir haben am Beispiel der sterbenden Frau, die ein Gebetskonto eröffnet hat, die Bejahungswürdigkeit des Lebens bis in die letzten Stunden hinein nachvollziehen dürfen. Spüren wir jetzt der Bejahungswürdigkeit des Lebens in seinen frühesten Wochen und Monaten nach. Auch dazu darf ich Persönliches schildern.

Es war 1976. In Deutschland wurde der Schwangerschaftsabbruch in sozialen Notlagen erlaubt mit der Auflage, daß sich die schwangeren Frauen vor dem Eingriff über eventuelle Hilfsangebote bei Austragung des Kindes beraten lassen. Als Psychologin einer städtischen Familienberatungsstelle fiel mir sozusagen über Nacht diese Beratungsaufgabe zu. Die Tätigkeit deprimierte mich ungeheuerlich. Wahrscheinlich ist mir in meinem ganzen Leben nicht soviel vorgeschwindelt worden wie damals, aber für mein seelisches Gemüt kam immer noch zuviel zum Vorschein. Zuviel an Willensentscheidungen gegen das werdende Leben, ohne daß eine wirkliche Notlage vorhanden gewesen wäre. Doch die Erfahrung, auf die ich zurückgreifen möchte, handelt von einem Ausnahmefall.

Fingerzeige von oben?

Die prekäre Situation der jungen, schwangeren Frau war echt wie ihre Verzweiflung. Vier kleine Kinder hatte sie bereits in der engen Wohnung, und dazu einen arbeitslosen, jähzornigen und alkoholkranken Südländer zum Ehemann, der in keiner Weise für sie sorgte. Sogar Schläge waren zwischen den Eheleuten ausgetauscht worden. Ich muß gestehen, daß ich nach einem langen und ausführlichen Gespräch mit der jungen Frau nicht sicher war, wie ich selbst an ihrer Stelle entscheiden würde, so düster sah die Zukunft dieser Familie aus.

Umso überraschter war ich, als die junge Frau am Tag nach unserem Gespräch nochmals bei mir erschien, obwohl sie die Bestätigung über die erfolgte Beratung sowie die ärztliche Indikationsbescheinigung in der Tasche hatte und sich jederzeit zum Schwangerschaftsabbruch ins Krankenhaus hätte begeben können. Sie kam, weil sie, wie sie sagte, meine Anteilnahme gefühlt hatte und weil inzwischen ein Ereignis eingetreten war, das sie mit mir besprechen wollte. Ihr Mann hatte just am Vortag Arbeit gefunden. Bei ihrer Heimkehr von unserem Gespräch hatte er sie mit dieser frohen Nachricht empfangen und ihr fest versprochen, künftig auch etwas gegen seine Alkoholsucht zu unternehmen. „Glauben Sie", fragte mich die junge Frau, als sie wieder bei mir saß, „glauben Sie, daß dies ein Fingerzeig von oben ist, das Kind zu behalten?"

Das sind die Augenblicke, in denen wir als Mensch und nicht als Fachkraft gefragt sind, weshalb ich einfach als Mensch spontan erwiderte: „Wenn Sie es so sehen, wird es so sein." Nach einigen Schweigeminuten fiel ihr Ja zum Leben des Kindes.

Ich habe die Familie noch ungefähr ein Jahr weiterbetreut, bis ich 1977 nach München übersiedelte, um mich neuen Aufgaben zu widmen. In diesem Jahr unterzog sich der Mann einer Entziehungskur und ging regelmäßig zur Eheberatung, was beides Früchte trug. Kraft seines Arbeitsplatzes im Kühllager einer Lebensmittelfabrik konnte er den Speisezettel der Familie mit verbilligten Lebensmitteln aufbessern. Die drei ältesten Kinder wurden in einen

Kindergarten aufgenommen, was die Mutter enorm entlastete. Das Kind, das sie unter ihrem Herzen trug, entpuppte sich nach seiner Geburt als ein goldiger Junge, der mit Freude begrüßt wurde. Nahezu gleichzeitig mit seiner Geburt erhielt die Familie die größere Sozialwohnung zugeteilt, auf die sie schon lange gewartet hatte. Es war verblüffend für mich, mitanzusehen, wie sich alles Schritt für Schritt einrenkte, nachdem ich doch zuvor die völlige Verzweiflung der jungen Frau miterlebt hatte. Ja, nachdem ich selber in meinem Innersten einmal schwankend geworden war in bezug auf die Abtreibungsfrage. Fast drängt sich mir heute ein ähnlicher Gedanke auf, wie ihn einst jene junge Frau mir gegenüber in den Raum gestellt hat: „Könnte dies ein Fingerzeig von oben sein, niemals an einem ungeborenen Leben und seinen Chancen zu zweifeln?"

Irgendwann im Leben muß man Position beziehen. Deswegen sage ich hier offen und ehrlich, daß ich nicht glaube, daß die Abtreibung oder die aktive Sterbehilfe bejahungswürdige Lösungen von Problemen sind. Ich kenne die Gegenargumente zur Genüge, ich weiß um abgrundtiefes Leid in beiden Kontexten, und trotzdem bin ich überzeugt, daß bejahungswürdigere Lösungen existieren. Wer die Menschen liebt, wird ihr Leid bekämpfen, wo es nur machbar ist, aber er wird ihnen nicht ihr Lebensrecht absprechen. Es mag sein, daß manches Kind, das geboren wird, keine schöne Kindheit zu erwarten hat, und es mag sein, daß ein unheilbar kranker Mensch außer Schmerzen nicht mehr viel zu erwarten hat – aber niemals können wir sicher sein, daß nicht *auf den einen wie auf den anderen noch etwas wartet*: auf das Kind eine wichtige Arbeit, die es später zu erledigen hat, oder eine wertvolle Beziehung, die es eingehen soll, und auf den unheilbar Kranken eine letzte Versöhnung, die zu geschehen hat, oder ein kostbares Vermächtnis an seine Angehörigen, und sei es nur die Botschaft, daß ein guter Abschied trotz allem gelingen kann.

Das heißt nicht, daß keine Verantwortlichkeit bestünde gegenüber dem In-die-Welt-Setzen von Kindern im Sinne vernünftiger Familienplanung oder gegenüber dem Aus-der-Welt-treten-Lassen von Sterbenden im Sinne von schmerzlindernder ärztlicher Hilfe. Es heißt lediglich, daß Quantität und Qualität der Lebenserwartung kein Kriterium für oder gegen eine Lebensvernichtung sein können.

Der seelisch kranke Mensch und seine Arznei

Dasjenige Mysterium, das seit Jahrhunderten „die Seele" des Menschen genannt wird, und das Viktor E. Frankl in abendländisch-philosophischer Tradition „das Geistige" im Menschen nannte, kann nicht krank werden. Denn etwas Geistiges ist reine „Bewegung", wenn auch nicht Bewegung im Raum, sondern im Sein. Und eine Bewegung kann nicht erkranken, sie kann nur in die falsche Richtung erfolgen, und sie kann durch die Krankheit eines Organismus, der für ihre Durchführung zuständig ist, aufgehalten, in ihrem Durchgeführtwerden behindert sein.

Beispielsweise ist die Liebe zu einem Menschen eine Bewegung auf diesen Menschen zu, eine innere, geistig-seelische Bewegung, die in der körperlichen Intimität zweier Liebender lediglich ihre raum-zeitliche Inkarnation findet.

Wenn die Liebe zu einem Menschen aufhört oder sich gar in Haß verwandelt, dann entfernt man sich von diesem Menschen unter Umständen so weit, daß man ihn gar nicht mehr kennt, nicht mehr sieht, nicht einmal mehr spürt, wenn man ihn verletzt; dann blickt man geistig-seelisch über ihn hinweg, als wäre er nicht da. Oder es ist der Glaube an Gott eine Bewegung aus der Immanenz heraus auf die Transzendenz zu – nicht umsonst spricht man von „Gottesnähe" und „Gottesferne" bei gläubigen und ungläubigen Menschen. Auch diese Bewegung ist selbstverständlich ein geistig-seelischer Akt, der in einem Gang zum Gottesdienst lediglich sein raum-zeitliches Äquivalent findet.

Genauso ist das Interesse an einer Sache ein geistiges Auf-diese-Sache-Zuschwingen, ein Sie-erfassen-Wollen, ein Sich-mit-ihr-Beschäftigen oder, in umgekehrter Weise, bei fehlendem Interesse, ein Von-ihr-Abstand-Nehmen, ein Sie-fallen-Lassen, ein Sich-anderen-Dingen-Zuwenden.

Analog dazu bewegt sich der Mensch auf sich selbst zu, was voraussetzt, daß er sich zuerst von sich selbst wegbewegt hat, um sich aus ontologischer Distanz eben auf sich selbst zubewegen zu können. Der Mensch ist *bewertende und bewertete Instanz in einem*, wobei ein Abgehobensein des einen vom anderen besteht und ein aus dem Abgehobensein heraus erfolgter Zugriff des einen zum anderen. Wenn jemand sagt: „Ich leide so sehr unter meinen Depressionen", dann sind die Depressionen ein psychisches Geschehen und eventuell auch ein physisches Geschehen (falls eine endogene Komponente dazutritt), aber derjenige, der unter seinen Depressionen leidet, das geistig-personale Ich dieses Menschen, ist selber und seinerseits nicht depressiv, ist nicht krank, es leidet nur an einer Krankheit und muß zu dieser Krankheit Stellung beziehen. Daher wird es kommen, daß ein Patient sagt: „Ich leide so sehr unter meinen Depressionen, aber ich lasse mich von ihnen nicht überwältigen!", und ein anderer Patient sagt: „Ich leide so sehr unter meinen Depressionen, daß ich am liebsten sterben möchte!" Der Unterschied zwischen den beiden Patienten liegt nicht in ihrer Krankheit, denn sie leiden ja an derselben Krankheit. Der Unterschied liegt in der jeweiligen geistigen Einstellung zur Krankheit, einer Einstellung, die ihrerseits nicht mehr krankheitssymptomatisch, sondern personenspezifisch ist.

Wenn wir daher vom seelisch kranken Menschen sprechen, dürfen wir die Tatsache nicht aus den Augen verlieren, daß unsere Bemühungen um ihn im Grunde seiner Person gelten, die nicht krank ist, wenn sie auch an einer seelischen Krankheit leidet. Ihr, deren geistige Bewegungsfreiheit eingeengt wird durch Ängste und Depressionen, durch Neurosen und erst recht durch Psychosen, die aber prinzipiell und potentiell beweglich ist und bleibt, beweglich genug, Menschsein zu vollziehen, selbst noch im Kranksein. Und wenn wir von einer Arznei für die kranke Seele sprechen, sollten wir ebenfalls darüber im klaren sein, daß wir mit unseren Arzneien „an einem riesigen Eichentor herumhobeln, um Unebenheiten zu entfernen, die das reibungslose Schwingen des Tores beeinträchtigen, daß jedoch der Patient es ist, der den winzigen, goldenen Schlüssel zum Tor in seinen Händen hält" und damit die Entscheidungsmacht darüber, ob er sich unserem Arzneiangebot, den Herausforderungen seines Lebens und der Sinnfülle der Welt gegenüber öffnet oder verschließt. Wobei mitunter „auch Tore verschlossen werden, die problemlos in ihren Angeln zu schwingen vermögen", um nochmals im Gleichnis zu reden. Nicht nur der „homo patiens", der kranke und leidende Mensch, muß Krankheit und Leiden auf seine persönliche Art gestalten, auch der „homo possidens", der Gesundheit, Glück und Wohlstand besitzende Mensch, muß diesen seinen Besitz persönlich verwalten und kann dabei an einen Punkt gelangen, an dem sich im Vollzug seines Menschseins fast nichts mehr bewegt.

Woraus die Schlußfolgerung zu ziehen ist, daß das seelische Zustandsbild eines Menschen niemals nur allein in klinischen Kategorien zu erhellen ist, sondern stets auch die klinische Spiegelung eines metaklinischen Geschehens darstellt, des Geschehens nämlich, wie viel oder wie wenig Sinn ein Mensch seinem Leben zuspricht, seinen Verlusten wie seinen Besitztümern.

Eine Warnung vor giftigen Arzneien

Mit meinen Hinweisen will ich keineswegs den modernen Zeittrend unterstützen, wonach jeder Krankheit eine geheime Bedeutung zukommt, jede Krankheit etwas aussagt über ein Fehlverhalten, das geändert werden soll, oder über das Fehlverhalten anderer, die sie hervorgerufen haben. Alle Materie hat ihr Wachsen, Werden und Vergehen, ob es sich um die Materie der Gestirne oder um die Materie der Leiblichkeit des Menschen und in einem mit ihr der seelischen Befindlichkeit des Menschen handelt. Alle Materie ist unvollkommen und vergänglich, und Krankheit und Tod sind nichts anderes als die praktischen Manifestationen dieses Gesetzes. Selbstverständlich können ein ungesunder Lebensstil und ein ungesundes soziales und ökologisches Umfeld die leiblich-seelische Hinfälligkeit ganzer Völker vorantreiben, dennoch würden der gesündeste Lebensstil und optimale Umfelder der leiblich-seelischen Hinfälligkeit des Wesens Mensch nicht Einhalt zu gebieten vermögen. Wir sollten uns also vor psychologistischen Interpretationen von Krankheiten hüten, die in jede Krankheit eine Bedeutung hineindeuten wollen, und zwar eine, die sich auf etwas Defizitäres im Leben der Patienten bezieht, das ans Tageslicht geholt werden müßte, um deren Krankheiten richtig verstehen und bekämpfen zu können, und sollten uns lieber darauf konzentrieren, unseren Patienten zu helfen, nicht *in* ihren Krankheiten, sondern *trotz* ihren Krankheiten Sinn in ihrem Leben zu suchen und zu finden. Einen Sinn, der sich einzig der je heilen und bei aller materiellen Hinfälligkeit unversehrt bleibenden geistigen Person im Patienten erschließt.

Dazu ein paar Patientenäußerungen, die Blitzlichter auf die erwähnte Problematik werfen können:

Eine Mutter erzählte mir, daß ihre Tochter, die sich in Psychotherapie befand, einmal alte Kinderzeichnungen aus ihrer Grundschulzeit zur Therapiestunde mitbringen sollte, wohl als Dokumente früher seelischer Zustandsbilder. Die Mutter stellte eine Mappe voller Kinderzeichnungen ihrer Tochter bereit, doch nach der nächsten Therapiestunde brachte die Tochter alle bunten und fröhlichen Zeichnungen wieder zurück. „Die Therapeutin ist nur an den grauen, dunklen, eckigen und krakeligen Zeichnungen interessiert", erläuterte sie, „die übrigen braucht sie nicht." Das ist das Pathologiemodell in der Psychotherapie, das es zu überwinden gilt! Wenn man bloß das Negative akzentuiert, das in einem Menschenleben stattgefunden hat, darf man sich nicht wundern, wenn verheilte Narben wieder aufreißen, statt daß offene Wunden vernarben.

Ein anderer Bericht stammt von einer Frau, die wegen eines Gutachtens beim Nervenarzt vorstellig wurde. Er behandelte sie angeblich recht kühl und fragte sie vieles aus, was die Frau verunsicherte und aufregte, woraufhin sie beim Verlassen des Sprechzimmers ihren Schal vergaß. Als sie zurückkehrte, um ihn zu holen, sagte der Nervenarzt spöttisch zu ihr: „Aha, Ihr Unterbewußtsein signalisiert, daß Sie das Gespräch mit mir gerne fortsetzen möchten." Noch als die Frau mir davon berichtete, schüttelte sie sich erschrocken bei dem Gedanken, sie müßte jenen Nervenarzt ein zweites Mal aufsuchen. So können Deutungen daneben gehen ...

Aber nicht nur Deutungen, auch Prognosen auf Grund von Deutungen sind problematisch. Mir ist eine Patientin bekannt, die es gewagt hat, eine Langzeitpsychoanalyse abzubrechen, weil sie der Meinung war, sie sei seelisch wieder stabil und könne ihr Leben aus eigener Kraft meistern. Der Therapeut entließ sie auf ihre Mitteilung, daß sie vorläufig keine weitere Therapie wünsche, mit der Drohung, daß sie schon sehen werde, wie wenig gefestigt sie in Wirklichkeit sei und wie schnell sie erneut in ein „seelisches Loch" fallen werde. Diese Drohung bohrte in der Patientin und beunruhigte sie dermaßen, daß sie langsam ihre mühsam gewonnene Sicherheit einbüßte und sich tatsächlich einem emotionalen Tief näherte, vor dem ich sie mit ein wenig Humor und Ermunterung gerade noch bewahren konnte. Es gibt Prophezeiungen, die eintreffen – nicht weil sie richtig gewesen, sondern weil sie prophezeit worden sind, so merkwürdig dies klingt, oder anders ausgedrückt: Die im Bauch vergessene Schere tut nirgends gut, weder in der Chirurgie, noch in der Seelenheilkunde, bei deren Ausübung leider auch manche „iatrogene" Schere im Bauch der Seele eines Patienten zurückbleiben kann.

Eine Zusammenschau der heilsamen Arzneien

Wenden wir uns nach diesen warnenden Blitzlichtern auf giftige Arzneimittel abschließend in einer kurzen Zusammenschau den heilsamen Arzneien in der Psychotherapie zu. Das Wort „therapos" heißt, aus dem Griechischen übersetzt, der „Gefährte"; und zeitlos gilt, daß jeder, der in einem therapeutischen (ärztlichen, psychologischen, seelsorgerlichen) Beruf steht, zum Weggefährten werden soll für die Gefährdeten. Für diejenigen, die sich verirrt haben, die ein Stück Begleitung brauchen, die nicht mehr weiter wissen oder in rastloser Hast dahinlaufen ins Nirgendwo.

Als grobe Richtlinien für die „Gefährten" hat die Wissenschaftslehre der Psychotherapie bisher drei prinzipielle Konzepte entwickelt:

a) Methoden zur Aufdeckung von Unbewußtem,
b) Methoden der Suggestion und Persuasion,
c) Methoden zur Anlernung und Einübung.

Diese Methoden haben sich bewährt. Jede hat ihre besonderen Vorteile, aber auch ihre methodeninternen Handikaps.

Die *Aufdeckung von Unbewußtem* kann langfristig heilsam sein, allein es muß dafür gesorgt werden, daß das Aufgedeckte nach dem therapeutischen Reinigungs- und Bearbeitungsprozeß wieder ins Unbewußte zurücksinkt, um dort ein für allemal friedlich zu ruhen. Wehe, wenn das nicht gelingt! Wenn der Patient nach den Aufdeckungen quasi andauernd neben sich selbst stehend durchs Leben schreitet, sich selbst beobachtend auf die feinsten Regungen seiner Seele hin. Eine solche unnatürliche und verkrampfte Selbstbeobachtung bewirkt, daß sich alsbald nichts mehr in seiner Seele regt, zumindest kein spontanes Gefühl schlichter und unhinterfragter Lebensfreude, wie sie zu einem glückenden Menschseins- und Daseinsvollzug dazugehört.

Zur Illustration kann das Gleichnis von der Rolltreppe dienen, die zum Zweck einer Reparatur aus dem Boden heraus- und hochgehievt wird, die aber, nachdem ihr unterirdischer Mechanismus in Ordnung gebracht worden ist, unbedingt wieder in den Boden rückversenkt werden muß, wenn sie funktionieren soll. Ähnlich, wenn auch nicht so mechanistisch, sind psychische Abläufe zu verstehen: Was erledigt ist, muß ruhen können, eingebettet in eine Lebensgeschichte, mit der man sich geistig ausgesöhnt hat. Diese unabdingbar wichtige Einbettung ist leider nicht die Stärke aufdeckender Methoden.

Auch die *suggestiven und persuasiven Verfahren* haben neben ihren kurzfristig erzielbaren hohen Erfolgsquoten ein nicht unerhebliches Handikap. Es liegt in der bereits dargelegten Parallelität von Überredbarkeit und fehlender Standfestigkeit von Patienten begründet. Entscheidungsschwache Menschen sagen schnell Ja, überhaupt dann, wenn die Mitwelt sie dazu drängt (und die Mitwelt drängt sie meistens zu etwas, weil sie eben derart unentschlossen sind, doch das steht auf einem anderen Blatt). Sie sagen also schnell Ja, trotzdem tragen sie ihr Ja selten durch, weil es nicht aus ihrem Innersten hallt, sondern ein mehr oder weniger aufgedrängtes ist.

Nun wird sich jeder Therapeut dagegen verwahren, daß er seinen Patienten etwas aufdränge. Dennoch versucht er bei der Anwendung suggestiver und persuasiver Verfahren unleugbar, einen positiven und heilsamen Einfluß auf seine Patienten zu nehmen. Exakt dabei aber stößt er auf das erwähnte Faktum, daß man entscheidungsstarke und standfeste Personen kaum nennenswert beeinflussen kann, die entscheidungsschwachen und wenig standfesten Personen jedoch, die beeinflußbar sind, jederzeit wieder umkippen, entweder unter einem fremden, gegenläufigen Einfluß oder wegen ihrem eigenen inneren Widerstand demgegenüber, zu dem sie äußerlich Ja gesagt haben. Das heißt, die Überredungs- und Überzeugungskunst des Therapeuten scheitert nicht selten just an jenen Patienten, die leicht überredbar und überzeugbar sind, nur eben von jedermann und stets aufs neue.

Womit uns noch die *Anlern- und Einübungsverfahren* zur Erörterung übrigbleiben. Diese Erörterung können wir auf zwei Aspekte komprimieren. Erstens: Training ist immer gut. Alles, was sich ein Mensch an Fähigkeiten aneignen will, jedes Können, das es zu erwerben gilt, einschließlich dem Können, seelische Schwächen zu kompensieren – was wahrhaftig ein Können ist! –, bedarf konstanter, regelmäßiger Übung. In dieser erforderlichen Konstanz liegt zweitens auch schon der Haken eines jeden Trainings, der darin besteht, daß ein hohes Maß an Selbstkontrolle und Selbstüberwindung aufgebracht werden muß, um das Trainingsziel zu erreichen. Zu den seelischen Schwächen, die kompensiert werden sollen, zählt aber häufig gerade ein Mangel an Selbstkontrolle und Selbstüberwindung, wodurch das Phänomen zustande kommt, daß die Patienten diejenigen Fähigkeiten, die sie durch ein Training bei sich selbst entwickeln sollen, theoretisch bereits entwickelt haben müßten, um das Training überhaupt durchzuhalten.

Wir sehen, alle psychotherapeutischen Konzepte haben ihre Licht- und Schattenseiten, ihre Chancen und Grenzen.

Der goldene Schlüssel des menschlichen Geistes

In der logotherapeutischen Konzeption ist vieles von den beschriebenen Methoden enthalten, und doch wird mit dem Sinnaspekt ein zusätzliches Element hineingewoben, ein den Menschen mitsamt seinen leiblich-seelischen Schwächen transzendierendes Element. Die Brücke vom klinischen zum metaklinischen Raum wird aufgespannt, mit Brückenpfeilern, die vom metaklinischen Raum bis in den metaphysischen Raum hineinragen.

Was zum Beispiel die Methoden zur Aufdeckung von Unbewußtem anbelangt, so meint die Logotherapie, daß nicht nur Unbewußtes aufgedeckt, sondern auch Unerkanntes aufgezeigt werden kann, insbesondere unerkannte Sinnperspektiven, die die Wahrnehmung der Gesamtsituation des Patienten verändern. Oder was die Methoden der Suggestion und Persuasion anbelangt, so meint die Logotherapie, daß es nicht Sache des Therapeuten ist, jemanden von etwas zu überzeugen, sondern die Sache an sich ist, die einen Menschen zu überzeugen vermag, die sinnvolle Sache, die nottut – sie soll für sich selbst sprechen. Was schließlich die Methoden zur Anlernung und Einübung anbelangt, so meint die Logotherapie, daß alle Trainingsbereitschaft auf die Frage hinausläuft, was das zu erreichende Trainingsziel einem Menschen wert ist. Der Mensch will wissen, wozu er die zu erringende und einzuübende Veränderung benötigt: um was zu tun, um wer zu sein, wer für wen? Wenn er dies weiß, bringt er am ehesten die enorme Selbstüberwindung auf, die nun einmal der Preis jeder Sinn- und Wertverwirklichung ist.

Ein letztes Beispiel dazu. Ein körperlich rüstiger, aber seelisch zutiefst deprimierter älterer Herr wurde mir von seinen Freunden vorgestellt. Seit sieben Jahren gehe es ihm schon schlecht, berichteten sie mir. Seit dem Tod seiner Frau lasse er den Kopf hängen, habe jegliche Aktivität reduziert, interessiere sich für nichts. Sie hätten alles versucht, um ihn aufzurichten und abzulenken, doch es würde immer schlimmer. Er bewege sich kaum mehr aus dem Haus. Ob ich einen Klinikaufenthalt für nötig fände …? Ich betrachtete den Patienten teilnahmsvoll. Seine Augen waren wach, aber von Leid umwölkt, seine Mimik war abweisend, als wollte er sagen: „Mir kann keiner helfen." Er hatte nicht unrecht, keiner konnte ihm seine Frau wiedergeben, seine Frau, die er sehr geliebt haben mußte. Sie war gestorben, doch seine Liebe zu ihr war noch lebendig. Während ich ihn betrachtete, spürte ich, daß dies der kleine goldene Schlüssel in seiner Hand bzw. in seiner Seele sein könnte, der ein gewaltiges Tor an Depression und Verzweiflung aufschwingen lassen würde, wenn er bloß ins passende Schlüsselloch fände.

„Erzählen Sie mir von Ihrer Ehe", bat ich den älteren Herrn, und er erzählte. Wie er seine Frau in vorgerücktem Lebensalter kennengelernt hatte, wie sich für ihn, der stets ein Einzelgänger gewesen war, ein Wunder ereignet hatte, wie jede Stunde an innerer Erfüllung doppelt und dreifach wog, die er an ihrer Seite hatte verleben dürfen. Und dann, nach kurzer Zeit schon, die Diagnose ‚Krebs' bei seiner Frau, die beide bestärkt hatte in ihrem Willen, zusammenzuhalten, komme was wolle. Auch die Zeit der Krankheit schilderte der Patient als durchglüht von einer unbeschreiblichen Innigkeit. Er hatte seine Frau gepflegt bis zum Ende, er hatte ihr die Füße gewaschen, als ihr Geist hinüberglitt. „Jetzt kann ich nichts mehr für sie tun", schloß er seinen Bericht in müdem Tone ab.

„Nun", ergriff ich das Wort, „immerhin bestimmen Sie mit, was hinter Ihrer Frau zurückbleibt, welche Spuren sie zurückläßt in unserer Welt." Der Patient wurde aufmerksam. Seine Augen schauten wacher als zuvor. „Ich kann dies mitbestimmen?" fragte er. „Teilweise ja", erwiderte ich, „denn von Ihnen hängt doch mit ab, ob Ihre Frau sozusagen einen Trümmerhaufen hinter sich zurückläßt, einen total gebrochenen Menschen, bei dessen Anblick jedermann insgeheim denkt, es wäre besser gewesen, dieser Mensch wäre ihr nie begegnet. Oder ob sie einen aus seinem Herzensgrunde heraus strahlenden Menschen hinter sich zurückläßt, der erhobenen Hauptes durchs Leben geht und jedermann bestätigt, wie sehr er bereichert worden ist durch die einmalige Liebe einer einzigartigen Frau ..."

„Oh mein Gott", stöhnte der Patient und packte mich am Ärmel, „was tue ich eigentlich, was tue ich ihr an?" Bewegt von der neuen Perspektive, die sich ihm eröffnet hatte, stand er auf und ging hin und her. Allmählich faßte er sich und erklärte mir und seinen Freunden: „Daran habe ich nie gedacht, aber es ist wahr. Ich muß bezeugen, welch großartige Frau sie gewesen ist und daß hinter ihr und von ihr nur Gutes zurückbleiben kann. Dort, wo ihre Füße den irdischen Boden berührt haben, sollen Blumen der Freude wachsen und nicht Seen von Tränen überfließen – jetzt weiß ich, was meine künftige Aufgabe ist." Damit verabschiedete sich der Patient und ließ als erste Tat in einem wiedergewonnenen und wiederaufgenommenen Leben eine sehr erleichterte Therapeutin zurück, die dankbar registrierte, daß der goldene Schlüssel des menschlichen Geistes in der Sinngestalt einer außerordentlich schwierigen menschlichen Situation sein passendes Schlüsselloch gefunden hatte.

Staunen über den unerschöpflichen Sinn

Überlegen wir: Habe ich Unbewußtes aufgedeckt? Habe ich den Patienten zu etwas überredet? Hat er ein neues Verhalten eingeübt? Ich möchte sagen, der Blitz der Erkenntnis hat ihn getroffen, aber nur deshalb, weil es etwas zu Erkennendes gab, das nicht aufgedeckt, sondern lediglich aufgezeigt werden konnte, zu dem er nicht überredet werden mußte, weil es für sich sprach, und das letztlich die Motivation des Patienten tragen wird, sich Schritt für Schritt eine veränderte Haltung abzuringen und anzueignen.

In der angewandten Logotherapie kommt es nicht selten zu einem Staunen über den unerschöpflichen Sinn des Daseins, der sich immer wieder „anzapfen" läßt in den Konkretionen einzelner Lebenskonstellationen, unabhängig davon, wie sie beschaffen sein mögen. Auch der seelisch kranke Mensch wird vom Staunen gepackt, vom Staunen darüber, daß er in seiner Beschränktheit, Ohnmacht und Behinderung dennoch etwas Sinnvolles tun kann. Daß es zumindest eine jenseits seiner seelischen Krankheit gelegene sinnvolle Möglichkeit gibt, die er verwirklichen kann, ja, deren Verwirklichung ihn vielleicht sogar stimuliert, über seine seelische Krankheit hinauszuwachsen. Ein solches Staunen ist *die beste Arznei* für die kranke Seele.

Man glaube nicht, daß es den Kranken gut geht, wenn sie sämtliche Zuwendung der Welt erhalten, wenn sich Fachleute und Angehörige liebevoll um sie scharen, wenn Therapeuten sich mit professioneller Empathie ihre Klagen anhören – das alles reicht nicht hin, solange die empfangene Zuwendung nicht wieder irgendwie zurückfließt, indem die Kranken selber eine sinnvolle Aufgabe in ihrem Umfeld übernehmen, und sei sie noch so klein. 1987 hat Michael Utsch im Fachbereich Psychologie der Universität Bonn eine exzellente Diplomarbeit abgeschlossen. Im Zuge dieser Arbeit wurden 60 Patienten, die nach schweren Schlaganfällen chronisch krank und pflegebedürftig nach Hause entlassen worden waren, mit der Fragestellung untersucht, ob eine positive Akzeptierung ihrer massiven Leidenssituation möglich sei und welche Faktoren dazu beitragen würden. Die Ergebnisse der Untersuchung waren verblüffend. Zu einem Akzeptieren ihrer Leidenssituation kam es vorwiegend bei denjenigen Kranken, die – wortwörtlich – „sich anteilnehmend und unterstützend ihren Angehörigen zuwandten", und nicht etwa bei denjenigen, deren Angehörige sich ihnen anteilnehmend und unterstützend zuwandten! Im Gegenteil, letztere entwickelten alsbald das verteufelte Gefühl, ihrer Mitwelt bloß noch eine Last zu sein.

Der Patient, und nicht minder der seelisch kranke Patient, will über die Rolle des Hilfsbedürftigen und Hilfeempfangenden, die ihm krankheitsbedingt zufällt, hinaus auch selber etwas geben, selber für etwas oder für jemanden nützlich sein, und wenn wir es wirklich gut mit ihm meinen, sollten wir ihm jedwede Gelegenheit dazu gewähren. Hier zeichnet sich eine Parallele zur Pädagogik ab, in der ein ähnliches Umdenken, eine Rückbesinnung auf alte Weisheiten, erforderlich ist. Denn auch den Kindern geht es nicht nur dann gut, wenn ihre Eltern sie achten und ehren, wie wir heute zu denken geneigt sind, sondern umgekehrt, wenn *sie* ihre Eltern achten und ehren, wie man bereits zu Moses' Zeiten gewußt hat.

Doch zurück zur Psychotherapie und zur kurzen Fallskizze von vorhin: In dem Moment, als der ältere Herr eine Gelegenheit sah, noch etwas für seine geliebte und verstorbene Frau zu tun, nämlich ihr ein frohes und dankerfülltes Gedenken zu bewahren, in dem Moment gesundete er mehr als durch ein jahrelanges Mitgefühl und Getröstetwerden seitens seiner Freunde.

Wir sind nicht auf Erden, um geliebt zu werden, sondern um zu lieben – die Lebenden und die Toten. Diese testamentliche Botschaft ist gleichzeitig das Herzstück der Franklschen Logotherapie.

Über die Autorin

Elisabeth Lukas, Dr. phil., Jahrgang 1942, wurde in Wien geboren und hat an der Wiener Universität Psychologie studiert. Ihre „Doktorväter" waren Giselher Guttmann, der langjährige Vorstand des Psychologischen Instituts der Universität Wien, und Viktor E. Frankl, der Begründer der Logotherapie, mit dem sie von 1968 bis zu seinem Tod 1997 in freundschaftlichem Kontakt stand. Ihre in den Jahren 1969–1971 verfaßte Dissertation war bereits einem logotherapeutischen Thema gewidmet. Ihre erste Publikation erfolgte 1972 in Form eines Kapitels des Buches „Der Wille zum Sinn" von Viktor E. Frankl.

1972 zog sie mit ihrer Familie nach Deutschland, wo sie seit 1973 als Klinische Psychologin und Psychotherapeutin tätig ist; seit 1986 in der Funktion der fachlichen Leiterin des „Süddeutschen Instituts für Logotherapie GmbH" in Fürstenfeldbruck bei München. Während des Vierteljahrhunderts ihres bisherigen Wirkens hat Elisabeth Lukas geholfen, neben der täglichen Patientenarbeit Logotherapiezentren in aller Welt aufzubauen, u.a. die „Deutsche Gesellschaft für Logotherapie und Existenzanalyse", deren Vizepräsidentin sie 15 Jahre lang war. Lehraufträge auf Einladung von 50 Universitäten führten sie nach Nord- und Südamerika, Israel und zahlreiche europäische Länder. Ihr Schrifttum ist in elf Sprachen übersetzt worden.

Das „Süddeutsche Institut für Logotherapie GmbH" gilt international als eines der renommiertesten, in dem die Lehre Viktor E. Frankls authentisch gelehrt, angewandt und weiterentwickelt wird. Seine Mitarbeiter/Innen sind mit dem von Frankls Tochter Gabriele Vesely geleiteten

„Viktor Frankl Institut" in Wien fachlich und menschlich eng verbunden.

Anschrift der Autorin:

Dr. Elisabeth Lukas
Süddeutsches Institut für Logotherapie GmbH
Geschwister-Scholl-Platz 8
D - 82256 Fürstenfeldbruck
Tel.: (0 81 41) 1 80 41
Fax.: (0 81 41) 1 51 95

Logotherapiebücher bei Herder

Von Elisabeth Lukas:

„Auch dein Leben hat Sinn. Logotherapeutische Wege zur Gesundung", Neuausgabe 4. Aufl. 1997. Eine Ausgabe erschien in Brailleschem Blindendruck, erhältlich bei der Blindenschriftdruckerei in 33098 Paderborn, Andreasstr. 20.

„Sinn in der Familie. Logotherapeutische Hilfen für das Zusammenleben", Neuausgabe 1995

„Auch dein Leiden hat Sinn. Logotherapeutischer Trost in der Krise", Neuausgabe 3. Aufl. 1998

„Psychologische Seelsorge. Logotherapie – die Wende zu einer menschenwürdigen Psychologie", Neuausgabe 2. Aufl. 1996 (vergriffen, aber noch im Institut erhältlich)

„Gesinnung und Gesundheit. Lebenskunst und Heilkunst in der Logotherapie", Neuausgabe 2. Aufl. 1995 (vergriffen, aber noch im Institut erhältlich)

„Rat in ratloser Zeit. Anwendungs- und Grenzgebiete der Logotherapie", Neuausgabe 1994

„Psychologische Vorsorge. Krisenprävention und Innenweltschutz aus logotherapeutischer Sicht" (vergriffen, aber noch im Institut erhältlich)

„Urvertrauen gewinnen. Logotherapeutische Leitlinien zur Lebensbejahung", Neuausgabe 1997

„Lebensbesinnung. Wie Logotherapie heilt", 2. Aufl. 1997

Von Viktor E. Frankl:

„Psychotherapie für den Alltag. Rundfunkvorträge über Seelenheilkunde", Neuausgabe 1992, 4. Aufl. 1995

„Das Leiden am sinnlosen Leben. Psychotherapie für heute", Neuausgabe 7. Aufl. 1996

„Zeiten der Entscheidung" (hrsg. von E. Lukas), 2. Aufl. 1997

Von Wilhelm Freund

„Jeder Traum hat seinen Sinn. Logotherapeutisches Traumverstehen", 1998

Elisabeth Lukas bei Herder

Elisabeth Lukas
Urvertrauen gewinnen
Logotherapeutische Leitlinien zur Lebensbejahung
Band 4568
Eine revolutionäre Sicht des Themas „Urvertrauen". Ein notwendiges Auch für alle, die nach tieferer Geborgenheit suchen.

Elisabeth Lukas
Sinn in der Familie
Logotherapeutische Hilfen für das Zusammenleben
Band 4416
Hier werden Sinn, Wert und Verantwortung der Familie wieder ins Bewußtsein gebracht. Überzeugende und lebensnahe Perspektiven bei persönlichen Schwierigkeiten und Familienproblemen.

Elisabeth Lukas
Lebensbesinnung
Wie Logotherapie heilt. Die wesentlichen Texte aus dem Gesamtwerk
Band 4391
Die grundlegenden Einsichten der Autorin zeigen, wie Logotherapie wirkt und wie jeder einzelne deren Prinzipien anwenden kann.

Elisabeth Lukas
Auch dein Leiden hat Sinn
Logotherapeutischer Trost in der Krise
Band 4283
Wie es leidgeprüften Menschen gelingen kann, schwere seelische Not zu überwinden und einen neuen Anfang zu finden.

Elisabeth Lukas
Auch dein Leben hat Sinn
Logotherapeutische Wege zur Gesundung
Vorwort von Viktor E. Frankl
Band 4011
Diagnose: Depression. Was fehlt Menschen, die ohne reale Bedrängnis unter Niedergeschlagenheit und Minderwertigkeitsgefühlen leiden?

HERDER / SPEKTRUM